U0941044

2001 年国际设计年鉴

图书在版编目(CIP)数据

2001 年国际设计年鉴/卢奇编著;黄睿智译.—
北京:中国轻工业出版社,2002.1
ISBN 7-5019-3537-8

Ⅰ.2… Ⅱ.①卢…②黄… Ⅲ.工艺美术-作品-
世界-图集 Ⅳ.J531
中国版本图书馆 CIP 数据核字(2001)第 083953 号

责任编辑:崔笑梅　　张皓颖
责任终审:孟寿萱　　封面设计:王国红
责任校对:方　敏　　责任监印:胡　兵

出版发行:中国轻工业出版社(北京东长安街 6 号,邮编:100740)
网　　址:http:/www.chlip.com.cn
联系电话:010-65241695
印　　刷:中华商务联合印刷(广东)有限公司
经　　销:各地新华书店
版　　次:2002 年 1 月第 1 版　2002 年 1 月第 1 次印刷
开　　本:965×1270　1/16　印　张:14.125
字　　数:230 千字
书　　号:ISBN 7-5019-3537-8/TB·037
定　　价:190.00 元
著作权合同登记　图字:010-2001-3704

·如发现图书残缺请直接与我社发行部联系调换·

2001 年国际设计年鉴

编著:米歇尔·德·卢奇
总编:詹尼佛·哈德森
前言:杰瑞米·梅尔森
设计:Lovegrove 协会
翻译:黄睿智

中国轻工业出版社

目　录

米歇尔·德·卢奇
原型灯，照明领域
1994

前 言

杰瑞米·梅尔森

在当代意大利设计圣殿中，米歇尔·德·卢奇同其他许多伟人一样有着自己的位置。他经常被人形容为是衔接“后 1945 年先锋派设计”与当代设计的纽带。如果设计史是一根丝绳的话，那么它发端于 Ettore Sottsass 和 Achille Castiglioni，经过 Andrea Branzi 和 Alessandro Mendini 最后到达 德·卢奇的门口。然而，德·卢奇本人更喜欢从广泛的跨国界的观点上来审视自己，他喜欢被看做是一个一流的搬运工。作为在伦敦漫长而又辛苦的《2001 年国际设计年鉴》编纂工作的一次小憩，德· 卢奇把他的头从一个灯箱里抬出来，活动活动手指，捋一捋他那长得过分却又有几分学者气的胡子，把眼镜推到鼻子尖上，然后宣布：“我的职业不是设计师或建筑师，而是去建造一座连接人类与工业之间的桥梁。”

在很长一段时间里，德· 卢奇对这种好像中间人或是翻译的角色很有兴趣，正如他本人说的，站在企业家的犬儒逻辑和一个想要挖掘素材更深层内涵的世界之间。这句话很久以来一直激励着米歇尔·德·卢奇。当然，这也影响到对《年鉴》的编纂。任何新创意如果被认为能够提升精神境界或是满足某种需求，那么它一定是被肯定的，如果有作品注定是违背人类利益，那么它也肯定会被退回，无论它的市场前景多么的大。

意大利设计师 Alessandro Mendini 有一次被要求给出五个崇拜米歇尔·德· 卢奇的理由。他简洁的答案恰恰道出了 德·卢奇哲学的精髓和他所取得的成就。首先，Mendini 崇拜他清晰的思想、正确的形式以及职业生涯的开始。第二，在离开孟菲斯之后的年代里，他以独立的形式和风格，在 20 世纪 80 年代确定了其国际地位。第三，德·卢奇具有非凡的组织能力。这反映在他的设计实践上，他的才智可以把一大群年轻设计师糅和成一个整体。第四，Mendini 崇拜他创造形式的能力，从小的范围过渡到大的范围，以至于突破了设计与建筑之间的界限。第五，他崇拜德·卢奇对诗歌的感觉，并能将诗歌熟练地运用到室内设备的设计上。

清晰、独立、组织力强、涉猎广泛、富有诗意这就是真实的德·卢奇的职业特点。你可以从他职业生涯的诸多方面看到这些美德。这些品质在他编纂《年鉴》时，从挑选其他设计师的家具、灯具、餐具、纺织品、产品等作品中就可以反映出来。 德·卢奇欣赏具有跨文化、多学科特点的作品，他在筛选作品时，表现出一种温和的宽容，一种兼收并蓄。这些已经成为他公文夹中的财富，德·卢奇 称它们为 “流动性思维”（见 第 8 页）。20 世纪 70 年代初，当 德·卢奇还在佛罗伦萨大学（1969 ~ 1975）读建筑学时，他就开始涉足激进设计运动，这在当时的意大利显得急躁而偏执。

激进设计是同当时欧洲大学校园里的激进主义联系在一起的，他们质疑主流的资本主义意识形态，尤其是在城市规划方面。他们的目的非常之严肃，他们所运用的技术是试验性的、并且是超现实主义的，是建立在流行文化基础上的。1973 年，米歇尔·德·卢奇和他的三个同学在 Padua 共同创建了自己的激进设计小组—— Gruppa Cavart。在以后的三年里，Cavart 举办了多次活动，活动的主题是关于 20 世纪 80 年代未来建筑材料对意大利新设计的影响。他们发表声明，召开研讨会，建立临时组织，还制作了多部纪录片。

1977 年，米歇尔·德·卢奇到佛罗伦萨大学担任职业助理，并做出了对工业设计的第一次尝试。之后，德·卢奇去了米兰，这是对他职业生涯有决定意义的时刻。由于为 Ettore Sottsass、Andrea Branzi 和 Gaetano Pesce 工作，他也由建筑改行作了设计。他开始给一些像 Alchimia 这样的设计小组供稿，他深深地被自己曾研究过的 20 世纪 50 年代意大利设计所影响。其设计作品还深受 OP 艺术的影响，他设计的充满灵性和活力的高保真设备得到了“Dumus”杂志的称赞。

现代设计的尊奉者在 20 世纪 70 年代末遭到了一群米兰激进设计师和建筑师令人意想不到的连续攻击。同意大利 20 世纪 50 年代更贴近大众的设计风格相比，现代设计似乎曲高和寡。当新的设计运动出现在以后的 10 年时，德·卢奇找到了更适合自己生存的土壤。自 20 世纪 50 年代起就是 Olivetti 顾问的 Sottsass，是 德·卢奇在设计舞台上取得极大进步的核心人物。1979 年 德·卢奇也开始为 Olivetti 工作，并开始了在其他一些项目上同 Sottsass 的合作。Sottsass 作为年长者，他的直觉让 德·卢奇开始探索设计电子产品而不再是抽象的建筑形式。而这恰恰正是困惑 德·卢奇很久的问题——怎样调整人和产品需求之间的关系，德·卢奇也更喜欢在这一领域发展。

到了1981年，Sottsass创办了孟菲斯，年近30岁的德·卢奇也就必然的成为一位关键的副手。德·卢奇在这群人里不仅仅是创意的火花，他还是一位组织者。他负责协调各成员之间的工作，寻找赞助商。正当孟菲斯在20世纪80年代震颤着意大利时，德·卢奇自己的项目也愈发成熟、精彩。他个人更是受到了诸如Artemide、Fontana Arte和Bieffeplast等大公司的青睐，它们都表示要扩展孟菲斯所掌握的创意。但是，德·卢奇自己倾向于继续闯下去。1986年，他创立了更具煽动性的，也更激进的米兰集团，他致力于研究几何学在设计中的运用。

以前他看待建筑是从处理设计、审视建筑出发，现在德·卢奇又回到了建筑和室内装饰业，而他现在是从产品设计师的角度看待建筑。在1998年，德·卢奇开始自己的早期实践，他设计了超过50个的Fiorucci商店，也为Olivetti设计了一大批产品和系列产品。融合理论上的与实践上的建筑学，设计创造一种有趣、充满诗意的视觉语言，而这些完全是德·卢奇自己的创造。

把商业委任和公共宣言丢在一旁，德·卢奇在1990年创建了自己的Produzione Privata——一种个人机械系统，制造限定数量的产品。这样可以鼓励辩论、激发创意，远离商业压力。与主流市场倡导的文化产品相反，他对于那些反传统设计的兴趣是众所周知的，而这也为在文化竞争中产生的作品和收录于《2001年国际设计年鉴》中的系列作品找到了解释（从34～35页的Hidden到84～85页Droog设计）。Produzione Privata创造了一种方式，在这里，手工制品可以影响批量生产，可以定义新的触觉形态、形式和材料质量。随着科技的飞速发展，德·卢奇急切地想保护使用者，丰富他们的经验。这就给了他所设计的工业产品或建筑物以尊贵和内涵。

这种人文主义的方法使20世纪90年代初一些过去坚信科技发展必将导致失败的大型商业组织改变了看法。1991年，米歇尔·德·卢奇在国际设计竞标中一举中标，他的任务是为德意志银行分部设计办公室。于是，一个新时代开始了，他的组织技巧与能力使年轻的设计师们成长起来，并走上了舞台。德·卢奇回忆起他同35名职员一起工作的场景，那时他在设计新一代意大利邮政办公室，他的角色是设计主管。当时，他领导大项目的能力得到了广泛的承认。

不同寻常的是，德·卢奇似乎对有这样一个显赫的设计声誉并不在意，他更关心设计小组是否还有创作动力。他在Olivetti的经历使他对在室内设计方面所取得的成就有一个正确的认识。在《2001年国际设计年鉴》的“产品”章里有一些作品，大多数的顾问都倾向于删减，而德·卢奇却把这章描述为本书最有力的部分，他对这些设计小组，诸如西门子（191页）、夏普（182页）、飞利浦（185页），给予了很高的评价。他称赞夏普的输出设备特别可靠。苹果公司设计主管Jonathan Ive的作品也得到了他的表扬。“只有苹果才干的出来。”他称赞道。苹果公司再次取得了新的成就，苹果电脑产品的视觉效果被竞相效仿，它结合了彩色的半透明组件，具备了顶尖的工程精度和质量。无论巨大黑板状的苹果电影屏幕（188页）或者是优雅的Power G4（189页）在它们身上都能看到德·卢奇的影子。设计是建立在工业与人类之间的一座桥梁。这些科技产品需要你来使用、来购买。

作为一名建筑师，德·卢奇也许已经在产品设计方面做得不能再好了。其中较著名的是为Artemide设计的Tolomeo灯具系列。这套灯具采用统一的技术精度，带着微妙的诗意，它还更新了Anglepoise和Tizio传统的悬吊灯臂设计。德·卢奇的经历很自然地鼓舞了一大批想跳槽设计家具和灯具的建筑师。Foster、Chipperfield、Moneo和Hadid都有作品被编入本书中。Norman Foster为Artemide设计的灯具已经被德·卢奇指定为意大利邮局大楼用灯。在建筑与设计范畴内天衣无缝地变换角色，从设计小巧的掌上设备到大型的公共室内装修，德·卢奇早已驾轻就熟了。

20世纪90年代早期，德·卢奇的建筑设计任务中，有一项是设计荷兰Groninger城市博物馆的展览馆，这是一幢疯狂、壮观的建筑物，参与设计的Philippe Starck、Coop Himmelblau和德·卢奇还有他们的方砖大楼一起建造了这座城市的历史。在另一项致力于表现前卫本能的设计中，他采用了激进的外表，却传递着克制和对传统的兴趣。“Domus”杂志的前总编Vittorio Magnago Lampugnani这样评价德·卢奇：“进行了一次设计革命……他已经变成了一个成熟的、质朴的、有判断力的设计师，他从不惧怕重复过去。我发现这个进步很有趣，因为在他接手的设计中还没有被修正的例子，这一点连他的反对者也不否认。”

德·卢奇究竟对历史钻研得有多深，在1990年和Achille Castiglioni的一项联合设计计划中我们就可以看出来。这是为Olivetti设计的一套被称为Sangirolama的主管人员办公家具。全套家具的设计是以著名画家Antonelli在1418年画的一幅油画《正在学习的Saint Jerome》为基础的。德·卢奇和Castiglioni还曾一起加入了一项计划，该计划旨在减轻室内家具对科技含量高的现代办公室的影响。十年以后，预测成为了现实。今天德·卢奇为Armani设计的办公室全部采用家庭办公家具。历史学家把150年前工作场所和住家的分离描述成地球的分裂。如今，由于高科技的驱使和不断变化的商业实践，工作正大踏步地重新回到家庭中。这种潮流也影响了德·卢奇对《年鉴》家具和灯具的筛选，“我希望家里有更多的革新”，他在编写时这样强调。

已经非常清楚的是，那些复杂的、设计过度的办公系统和产品不适合作为家用办公家具。德·卢奇还认为对传统产品的改造就像是一剂对未来科技发展不可预知性的解药。他的这一观点通过他最近为Poltrona Frau制作的长椅——榉木与皮革（8页）表现出来。为了协调人类需要与产品系列的需求之间的关系，永恒的设计起源或是经典在产品在和使用者相关的初期阶段扮演了一个重要的角色。这个观点在德·卢奇选择的作品中有所体现。不信就看一看Starck的Emeco椅子（32页），或者Emmanuel Babled的Murano杯子（135页），再或者是Christopher Deam的旅行车（225页）。

新技术在本书中得到了应有的认可，从智能编织物到LED（在RON ARAD使用立体印刷术创造的电脑动画花瓶中得到了应用）无所不包。然而，这些作品都保留了朴素的外形，历史悠久的外形给人以实用、稳定的感觉。1986年，米歇尔·德·卢奇这样描述他的立体设计系列：“在充分相信未来的基础上，他强调了这样一个设计事实，除了制造美好事物外，设计也创造切合实际的过程。”在《2001年国际设计年鉴》中他可能还会说同样的话。

前言

米歇尔·德·卢奇

我想对出版商和詹尼佛·哈德森邀请我担任《2001年国际设计年鉴》外约编辑一事表示真诚的感谢。对我来说，这是一个非常好的机会，我不仅可以更新我对于世界范围内设计与生产方面的知识，还可以检验和重新审视设计师和建筑师（尤其指那些接近工业项目的建筑师）在我们居住的社会与环境中到底扮演什么角色。

毫不夸张地说，《国际设计年鉴》的评选工作具有很强的多样性，这正是我所期望的，这一点没有让我失望。因此，我有理由认为收录如此丰富、有活力、真正富有激情的作品是十分正确的，并且是非常有实用价值的。我看了2000份寄来的十分另类的作品，这些作品与日用品似乎并不搭界，对它们也无法按照风格、特点、题材或插图参考来归类。语言上的限制和复杂的参考代码使得辨认工作越来越困难。我相信这一点，正如Herbert Schultes说过的，当他在西门子担任总设计师的最后日子里，我们已经进入了“流动性思维”时代。在这里，任何事情都可以不受限制地流动，从一个文化到另一个文化，从一个学科到另一个学科，从一个角色到另一个角色，从一种技巧到另一种技巧。我们正处在全世界第一个信息和技术的纪元之中，我们也是第一批去享受这期待已久的狂喜的人，世界通过新的信息技术被连接成了一个整体。轻轻松松就可以获取知识、得到丰富的信息、查阅大量的图片资源，这一切使得我们的选择更加丰富。在《2001年国际设计年鉴》评选小组我们学到了什么是丰富的选择。我们每天都要对付塞满了大量图片的CD－Rom，光是把它们浏览分析一遍对普通人来说就不是一件轻松的事情。谁知道在接下来的几年里还会发生什么事情呢？！

有专家认为，现在和未来最受欢迎的是包容而不是政治或种族。我相信这句话是正确的。这是生活在我们这个领域内所必需具备的特点。我们并不同意在感觉上接受事物会令人不愉快这个观点。但是首先，要把事情联系在一起，混合它们的风格、创意和不同的技术。流动性、包容性和创造性，这些是2001年最新设计的前提条件。创造性的理念当然是必不可少的。你怎样才能抓住这些分散的（问题）方面和概念呢？你是不是需要有一个十分有力的研究、创新、制作新产品、幻想和梦想的动力呢？

在这一点上，以下是我对设计师角色的解释：运用设计、创意、素材和比喻，释放每个人的表达自由。就像Ettore Sottsass在20世纪70年代意大利激进设计时期曾说过的，亦如Jean Nouvel在最近的一次会议上讲的，设计师和建筑师好比是讲故事的人。一个设计就像一个故事，设计的标的物也就是产品，就是对故事所叙述的矛盾情节用最直接的、最象征的形式加以形象化。设计本身好比是一种交流，它传输着时代的动力和对自由表达的渴望。我们曾经说过的，同30年前Ettore Sottsass所说的没有太大的不同。当时，我们宣布建筑师设计的比喻是去刺激固有的创意天赋。这种天赋隐藏在我们每个人的个性深处。差别在于这个理论当时是对传统类型设计的挑衅性拒绝；而今天，这是一个帮助我们理解和接受现在正发生事物的关键。

就如同往年的《国际设计年鉴》一样，在我的书里，我也专门保留了一类独立的作品。它们就属于“流动性思维”。特定单个生产领域的发展目前仍然是独立的。家具、灯具、零件、编织物、电子产品和汽车，在理论上穿越了不同的发展过程，比较起来是很困难的。它们在生产技术、发行系统的特征和市场的需要等方面都是不同的，这就为流行运动的统一形成了一个固有的具体的障碍。然而，只要有可能，我就通过分类的相似来暗示将要出现的潮流变化。比较椅子和椅子、桌子和桌子、灯和灯依然是一件十分有趣的事情，这无疑保证了《国际设计年鉴》每年都有大量的投稿。

然而，我想强调几点。首先涉及到商业发起：的确，很多项目直接联系到很难定义的工作，这些活动多由对文化活动毫无兴趣的个人、公共或私人投资商发起并资助的。他们把设计看做是富有而又肥沃的土壤。由12名设计师提议，Leon van Gerwen带给sdb公司的“隐藏”系列，表明了他们只为家庭需要设计产品而不屈服于商业压力。设计师们有能力自由地设计家具和其他产品，不需要任何功能上的或是市场要求方面的命令。在表现力上有剧烈变化的产品横空出世，它们是全新的，有时是很具煽动性的，正如这个新生公司的经营哲学一样。

“煽动”性的方法最近还运用到了远近闻名的

米歇尔·德·卢奇
长椅，Piazza di Spagna
Poltrona Frau 意大利
1999/2000

米歇尔·德·卢奇
灯,Rumi
选自"Sufi 的诗有感"展览会
Produzioni Privata
2000

Droog 身上:还是荷兰人,这群人从不循规蹈矩,他们之所以能走到一起,是因为他们有着共同的想彻底改变设计理念的想法。Droog 于 1993 年在阿姆斯特丹成立,公司希望向我们展示的是一种意识形态,而不是产品目录。多年后,这种观念得到了升华和发展,由年轻的设计师们提供的一个独特创意使计划进入了试验性阶段。Droog 的产品在国际市场上的营销一直都是由 Vaarburg 的 DMD 公司负责。Droog 不再只涉及生产,公司还进行产品的展示、推广以及一些相关活动。为了进一步解释学科的限制正在迅速淡化,Droog 宣布建筑师、内部设计师、广告设计人员、制图机构都要联合在一起为 Droog 的每一项设计而努力。

有预见性的、娱乐性的、可信的、原始的、破坏性的这几个定语十分恰当地描写了 Droog 的 do 系列商品目录,将近 10 家的独立制作人和工作室,包括西班牙的 Marti Guixé、瑞典的 Thomas Bernstrand、法国的 Radi、美国的 Dawn Finley,为阿姆斯特丹 KesselsKramer 广告代理商所创造的这一试验性的品牌提供设计。这项计

米歇尔·德·卢奇
灯，Nizami
选自“Sufi 的诗有感”展览会
Produzioni Privata
2000

划被冠名为“do 创造”，创造既是指设计师也是指消费者的创造。设计师创造出了与消费者互动的产品。准确点儿说，设计师提供尚未完全制成的产品，等待消费者进行个性化的处理，并最终完成产品的生产。使用者被邀请介入，通过对产品的改造，使用者就可以影响设计，设计也可以体现出使用者的个性。一个人不会永远只购买一种形式、风格或功能的产品，现在的人买的是一种体验。就我个人来说，我是 Gijs Bakker 和 Renny Ramakers 的崇拜者，这种崇拜是来自他们所完成的工作，还有他们的出版物所达到的交流能力。我相信在最近几年，他们能代表最具革新精神、最具激情的设计模式。我还欣赏他们能够巧妙地回避传统势力的障碍，绕过研究发展原始设计文化中所遇到的困难。

Cappellini 所从事的活动，虽然更受约束、更具试验性，但它还是靠收集全世界最优秀的设计，向大家展示通常是原始的设计计划或新奇有趣、不落俗套的产品，年复一年地带给我们惊喜。当然，今年也不例外。

值得一提的是，由 Kunstindustrimuseet 发起的一个公益活动，Louise Campbell、Cecilia Enevoldsen 和 Sebastian Holmbaeck 联合推出，被称作“在板条上行走”的 1999 年设计展览会。这是一次在设计师与家具制造师之间的，在设计天才与生产天才之间的，友好的、但又十分随意的挑战，这是对创意、想象、技巧的一次探索。近 20 名家具设计师被邀请与另外同人数的家具制造师搭档，俩人一组，每组发给一块厚板条，他们必须使用这块材料制作出家具来。最终制作出的家具成品被展出在 Gronnengarden 的装饰艺术博物馆中，并公开拍卖。所得款项都捐助给一个基金会，用以支持家具原创设计。

这里还有一些独立设计师发起的私人活动，这些人没有在工业设计领域内为自己创造太大的发展空间。他们经常发起一些非常小，但又很有商业价值的活动，并取得了显著的成功，还往往好得超过预期值。Ingo Maurer、Ron Arad、Philippe Starck 都经历过类似的商业成功。这些活动往往基于诗意的、逻辑的理由而不是遵循一种商业模式。活动往往进行得非常顺利，比如 Ingo Maurer 就是这方面的典范。Ingo Maurer 曾经成功地把商业活动转化得更具诗情画意。我自己的 Produzione privata 也可以被归为此类。由此，我尝试在小的范围里鼓励那些我有能力做，并且想去做，但工业的逻辑又使之无法实现的想法。而这正是 Produzione privata 所实践的，它帮助我去理解这个现象，这也影响到了我现在正谈论的内容。它还迫使我正视手工艺和一些仍然是个人制作或者说手工制作作品的重要性。如果讲到对设计文化的贡献，那么手工业与工业的区别其实并不大。

我总是支持把手工业看做是工业研究的论坛——一个理想的论坛，没有投资商的压力，没有研究的风险，不讨论可能的结果，不论它是成功的还是失败的。与手工艺师的合作造就了这样一个理想的实验室。对它将取得的显著作用我们不能仅用有潜质这个词来形容。我们也无法体会它目前的试验性角色。我之所以经常提到“理想”这个词是因为手工艺结合了高科技和人类的天赋、知识、感觉以后，手工艺师就知道应当如何做，如何运用技巧。手工艺设计必将打破所有表达情感的桎梏。

这是所谓意大利设计的特权之一，尽管缺乏新面孔，但它还是保持着国际设计中心的美誉。在意大利，由于对工业组织、政治组织和对大多数商人的不信任，一些非常传统的手工艺直到目前都尚未被开垦。因此，每年都有大批的外国公司来到米兰的 Salone del Mobile（家具展销会），这里有无限的新创意，无尽的新样品，以及永恒的想像力。

这些传统手工艺其实并不反对国际时尚设计的潮流；这样对设计来说有着很大的好处，因为传统手工艺可以从国际流行设计中吸取营养，比如时尚设计的发明创造能力，它的多产性，它对于革新和创造利润的容量，还有它能将世界引向更新、更具吸引力的景象之中。此外，时尚设计能使传统手工艺，逐步地来目击正在进行的交替的选择、形式、雄心和希望。我想这才是对设计最为深远的影响。

我想强调一点，那就是涉及到建筑师的设计计划：我的意思是那些从事建筑业，又被迫设计内部空间，还要为它们来设计陈设的那部分设计师。他们在一个特殊的角度观察和理解家庭陈设的设计；我能理解他们，因为事实上，这些我也直接经历过，我本人就是一位建筑师。这次的评选其实对我来说就是一个很好的机会，我可以仔细检验一下建筑文化对工业文化的影响究竟有多深，我本人作为设计师的工作使我背离了原来的专业。很清楚的是，建筑和设计首先会师在内部空间、家具、功能性、空间美学和工具以及环境上。刚才所说的环境是指：人们居住的环境，使用各种家用设备的环境，不论它是固定的还是流动的。

要描述同这些话含义相背的概念是十分困难的！困难的就好像要理解为什么空间和物体是运动的，用科学的话说，这是在两个如此不同的领域内。只有在少数情况下距离才会不存在，两个世界才能连接、结合、相容在一起。从而，彼此得到加强。建筑师设计的家具以及设施是出于他对空间概念的本能。“结构”元素凌驾于其他元素之上，就如同石头在石头上，形式在形式上一样。但是尽管如此，再疯狂的创作终究也是以商品交换为基础的，这种商品交换自有人类时就已经存在了。设施、家具和其他物体在今天就是工业文化的主题。它遵守同生产逻辑、技术、计划、市场研究和一些没有显著特点的、完全不同的价值观。将众多细微的参量放在一起是十分困难的：只有在少数情况下才有可能，这要感谢第三位主角——艺术，出乎预料，我的确想知道人们是否总是需要它。在某种情况下，能够发生一些超乎预料的事情——一个更加宽泛的概念，它能够统治其他两个要素，能够把所有事物集中在一个风格之中。这就是我们所说的艺术，但我更喜欢说的是，时间的精髓、形式的精髓，以及创意、心境、一个准确历史时刻的具体形象的精髓。在这个理想的地方，具备建造和生产的能力的建筑师与设计师，应当能够达到这个境界。进而，另一种挑战性的理想概念“流动性思维”的目的就是要结合建筑文化与工业文化，要让 1000 年的文化经验渗入刚刚超过 100 年历史的工业文化当中。流动性思维仍然在努力展示它最好的一面和最差的一面，无论它在哪一方面是最好的。

对于这一版的《国际设计年鉴》，我十分走运地搜集到了一些伟大建筑师的作品，像 Foster、Sejima、Moneo 和 Chipperfield，他们对工业逻辑或多或少地有一种放任，并且提出了有重大意义的家具设计计划。他们对于大批量生产的怂恿绝没有让步；他们没有使用商业计划最喜欢的那种新的方法，也不去盲目地模仿其他形式。对流行的圆形棱角、曲线的台面、把手和带有生物工程的部分，似乎暂时还不会影响到建筑学的研究工作。然而，潮流终究是不可逆转的，柔和的线条、柔软的表面、破坏了的几何韵律，它们不断地被证明是当前我们这个时代的主要趋势，是近年来驱动内容丰富的试验性活动的主流运动。

同时，极简主义也获得了新生——现在比过去任何时候都更为简练，它已经开通了全新的表达方法，在这里正式的研究工作结合了精选出的最精练的材料、纺织品和香味。这个新的方向来自想要创造卓尔不群的产品的欲望，在可能的情况下，不强调背景，带着健康、真实的讽刺和觉醒；它也许有时呈现出一面旗帜去清空欲望，戳穿玩笑，它又非常难于区别内涵与陈旧。

今年的设计师名单中不乏重量级人物：Sottsass、Starck、Citterio、Cibic 和其他一些保持着试验性与商业性兼顾的设计师。飞利浦、西门子、夏普的出现同样是非常瞩目的，它们的设计中心在过去几年里研制出了大量产品，为市场提供了品种繁多、贴近消费者的产品设计，以及无论在形式上还是在风格上都十分新颖的生活、工作环境设计。

最后，我想表达我自己对那些由于篇幅限制没有入选本书的设计人员的敬意。我想告诉他们不要担心，不要悲观——首先，我也总是犯错误。其次，传播文化不一定总能获得商业上的成功。我仅希望这本书没有给迄今为止出版过的《国际设计年鉴》抹黑，我还希望这本书能够证明，就像其他人证明给我的一样，是一个灵感的源泉。任何能激发灵感的事情都应当被广为传颂。

（原文为意大利语 英语翻译 英国 Carmona 有限公司）

米歇尔·德·卢奇
灯，Tolomeo Pinza
Artemide 意大利
1996

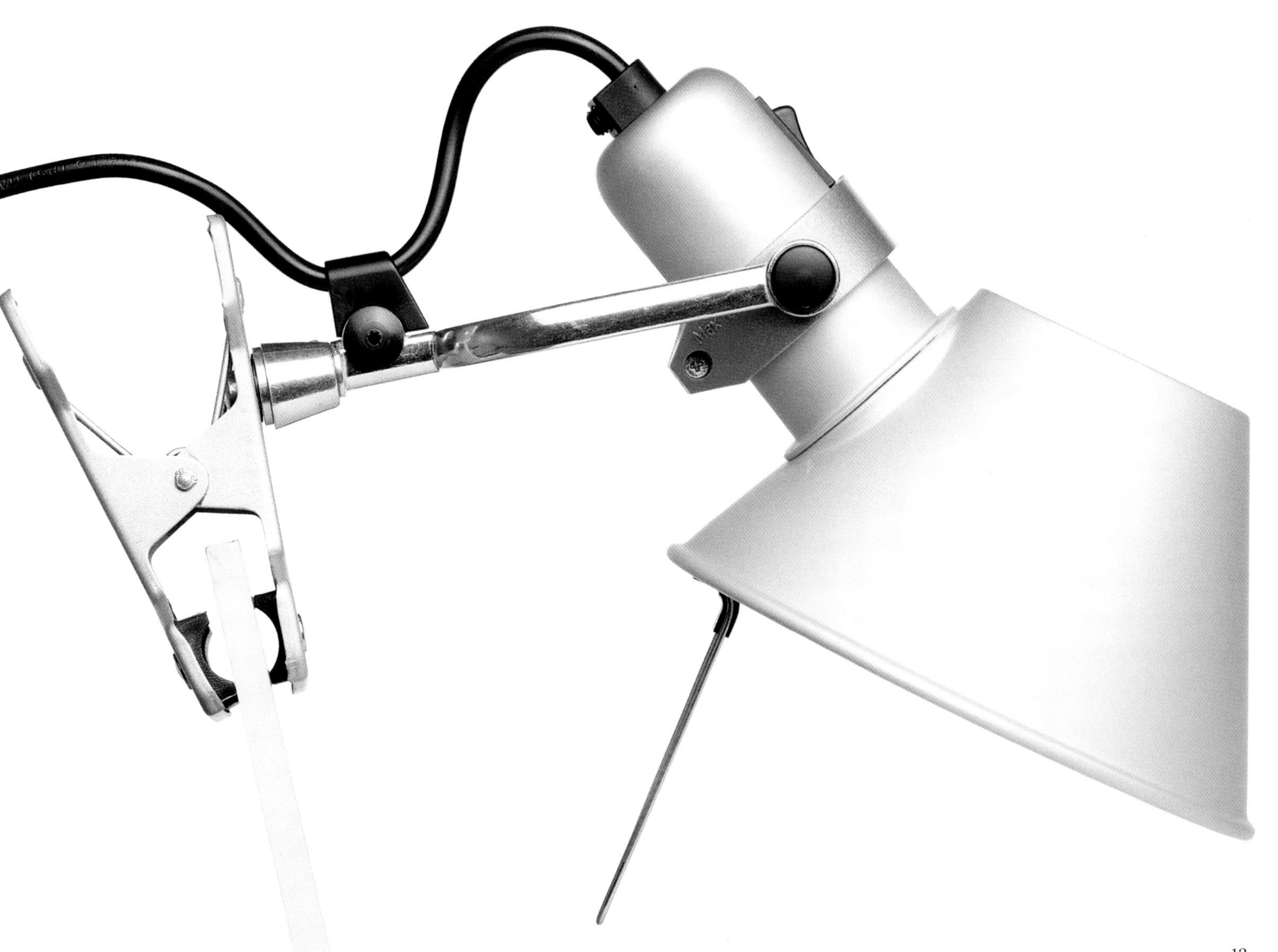

家具

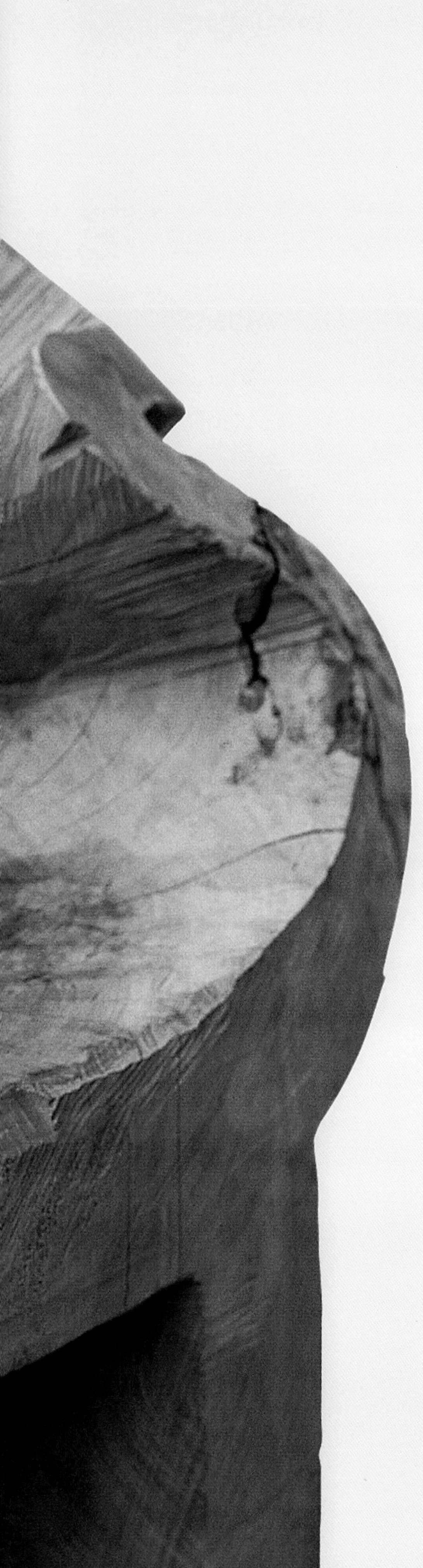

2000年米兰家具展销会进行得很平稳，大多数要出售的设计都被收益规定所限制。大体上2000年的展品比往年丰富，但也没有进一步的考证。总的来说，这次参展作品大多为改造品，或在流行文化下的再创造。据说，在展览结束后媒体挑选出为Baleri Italia设计的，根据Pesce的红色整体塑料制品——改造的"向上"系列；其中还包括Ross Lovegrove的20世纪70年代怀旧作品"空气一号"折叠椅和双色的板凳；Philippe Starck对Emeco的铝制椅改造；Kartell博物馆的开放，作为一周来的大事，都将载入从塑料先锋派作品直到今天的公司史册之中。

如同以往一样，场外展览和Salone Satellite展览的展品要比一些正式的大型展览会丰富得多。在这里，你可以看到一些喜欢冒险的企业家组织征集作品。虽然Cappellini在展览会上演唱了主题歌"橙子时钟"给我们带来了电影未来派流行文化的内涵，但是Barber Osgerby、Bouroullec兄弟、Mauro Mori、Jasper Morrison、Alfredo Haberli展出的作品较之其他展品既显得清新脱俗又颇具创新意识。Leon van Gerwen从一些青年个人设计中带来了一套室内家具"隐藏"，这些年轻人被许诺可以只搞创作而不去考虑商业压力。Droog再一次地让我们从新认识了什么是设计。他研制出了一套可以玩的家具，它们还可以被打上很深的个人烙印。Sputnik是日本Idee公司Teruo Kurasaki设计的，他提供的设计与互联网联系紧密。Michael Young、Marc Newson、Tim Power、Emmanuel Babled和其他一些设计师的收集品也参加了展出，它们的展品旨在互联网上出售。Totem公司是由David Shearer创建的，并得到了G7展览的资助。Shearer的目标是靠一大批积极进取的年轻设计师提高美国设计水平，他已经找到了这样一些人，把他们介绍给了生产商，为他们指明了发展方向，或者直接通过Totem的室内生产小组制作他们的作品。本次展览反映了以美国当代设计为代表的商业与艺术的融合。被米歇尔·德·卢奇选入本章的作品反映了他个人对这些新的生产发起和营销的兴趣。

德·卢奇还重点强调了家庭办公家具在市场上的增值。他挑选了几件他认为有着新美学价值并且能够提高我们居住、办公环境质量的作品，比如Defne Koz的"普莱诺"、N2为ClassiCon和Dante Donegani制作的"阿贾克斯"，还有Giovanni Lauda为Radice设计的作品。那些自己组建公司或工作室并有着试验性创意的年轻设计师的作品也有收录。Pascal Tarabay的作品很引人注目，因为他结合了讽刺性和功能性。"青蛙"椅子看起来像一个公园塑料椅，可实际上它是由木头做的。"贝鲁特"长椅就挑战了拘泥于形式的长椅原型，它可以自由地放置，你还可以带着它逛一圈。最后，手工艺作品也有入选的机会。在这里，德·卢奇相信创造性的冲动是不受市场要求和商业成功运作结果的约束的。正是这种创作自由实践了概念上的想法，并推动了工业原创设计的发展。

未来有什么？两个非常重要但又互不相关的趋势看上去正在发展着。首先，现在的老百姓谈论设计比过去任何一个时候都多，他们好像对室内家具和泛滥的生活风格杂志有着无穷无尽的兴趣。设计已经变成了一个流行运动。现在每一条高速路上几乎都有一家设计商店，而且人们对那些经济上能承受、样子上能接受的当代设计品的需求越来越大。许多设计师喜欢这样的改变：Authentics和Alessi价格合理的设计产品开创了一条新路，Jasper Morrison、Mario Bellini、Matthew Hilton、Ron Arad和Philippe Starck都造出了那种不用去银行就能买得起的家具。Starck宣布说："我的作品就是要为实现乌托邦而战斗，所谓的乌托邦是指流行设计和平民设计师，我要将优秀的设计带给尽可能多的人，我目前最重要的奋斗目标是要拿上百位数的奖项。"其次，随着数码技术的发展，新的形式和材料被研制了出来。复杂、曲线的外形可以用计算机辅助设计程序制作出来，产品原型可以直接从电脑控制的轧齿边机器中造出来。这些圆的、有机的外形导致了不同需求。更柔韧的材料，比如泡沫塑料、塑料、毡、浇铸铝和聚丙烯以及这些对材料的颜色要求都在被人们强调。这些材料生产起来更简单也更便宜。而这一切对消费者越来越有利。最终，新技术将成功地提高每个人优先享受设计品的自由。

Roderick Vos
椅子,Merak
不锈钢,藤条
高:110cm 宽:81cm 长:52cm
Espaces et Lignes 比利时
有限批量生产

Roderick Vos
休闲椅,Kraton
不锈钢,藤条
高:76cm 宽:81cm 长:74cm
Driade 有限公司 意大利
有限批量生产

Roderick Vos
椅子,Agung
不锈钢,藤条
高:75cm 宽:90.5cm 长:115cm
Driade 有限公司 意大利
有限批量生产

Roderick Vos
矮角椅,Sari
不锈钢,藤条
高:63.5cm 宽:82cm 长:69.5cm
Driade 有限公司 意大利
有限批量生产

Karim Rashid
椅子,柳条
柳条
高:101cm 直径:56cm
Idee 日本

Caroline Casey
日床,Zella
海草,藤条
高:58cm 宽:95cm 长:202cm
有限批量生产

Ross Lovegrove
躺椅,躺椅
织膜,铝,钢 /inox
高:25cm 宽:80cm 长:185cm
Loom 德国

Ross Lovegrove
桌子
铝,玻璃,钢 /inox
高:72cm 直径:110cm
Loom 德国

Loom 公司的 Godobert Reisenthel 是德国一位专门进口英国 Lusty Lloyd Loom 产品的进口商。然而 Loom 自己也生产家具，比如 Ross Lovegrove 系列就是传统生产商不断参与当代设计的一个例子。Reisenthel 对 Lovegrove 将古代风格、人的体形与现代科技结合来表现形式的这种创意印象深刻。这些设计是在电脑中完成的，压制铝被加入到传统的纸和铁丝结构中。

Jane Dillon,Tom Grieves
椅子
Lloyd Loom 编织物,塑料
高:79.2cm 宽:71cm 深:54cm
Lusty Lloyd Loom 英国
原型

Gitta Gschwendtner
椅子
Lloyd Loom 编织物,金属
Lusty Lloyd Loom 英国

永远保持着英式思维，摆设在衰落帝国的避暑别墅里，Lloyd Loom 家具,一般来说是钢丝支撑的编织纸再配上藤条或是长椅的框架制成的。而这种风格正在被全面地翻新。在 Nigel Coates 为 Lloyd Loom 设计家具之后，公司开始委任伦敦皇家艺术学院的成员，比如，产品设计教师 Jane Dillon 和学院校友 Gitta Gschwendtner。建立在公司以前取得的巨大科技进步的基础上,为了更好地选取材料,新的系列要求发展更新的技术。Jane Dillon 的设计取得了一个重要的突破。编织品由设计好的模具塑成,这些模具可以固定在简单的框架上。而这些框架是由模拟实木和金属的塑料制成,这种塑料较之藤条更柔韧,也更能防水。

Paola Navone
隔断门,黑色 90
竹子
高:190cm 长:189cm
Gervasoni 有限公司 意大利

Paola Navone
座椅,黑色 02
pulput,木,柚木
高:110cm 长:175cm 深:85cm
Gervasoni 有限公司 意大利

Paola Navone
屏风,黑色 99
黑竹,胡桃木
宽:150cm 高:180cm
Gervasoni 有限公司 意大利

Mauro Mori
椅子,圆
合欢木
高:长 40～60cm 直径:60cm
一次性产品

Paola Navone
座椅,Malaka 02
马六甲白藤,生牛皮
高:62cm 宽:126cm 深:88cm
Gervasoni 有限公司 意大利

Natanel Gluska
椅子
榉木
一次性产品

为了加强他对手工艺重要性的信仰，德·卢奇把源于这种思想的设计集中在一起，无论是材料(木、藤等)还是形式。

Gluska 设计的椅子是独一无二的，他反对原始的用长锯将原木截成三段的做法，将所有的设计都集中在其中一块上完成，这样材料成了雕刻和功能的混血儿。德·卢奇表示，手工艺如果结合了科技和人类的智慧、知识和感觉，那它就知道该怎么做了，同时也具备了技巧。(见 12 页)但目前这是禁止的，无论它多么有创意或是具备多大的市场潜力。设计师还没有真正的自由来表达自己的想法。

Cecilia Enevoldsen 和 Mark Burer
凳子
枫木
高:45cm 宽:30cm 深:30cm
原型

Louise Campbell
椅子,Ho'nesty
岑木
深:65cm 直径:130cm
一次性产品

Komplot 设计公司
甲板椅,渣块
岑木
高:100cm 宽:80cm 长:140cm
Komplot 设计公司 丹麦
一次性产品

Hans Sandgren Jakobsen
板凳,经得起摇滚
岑木
高:48.4cm 长:76cm 深:38cm
Andre Skriver 丹麦
一次性产品

传统与现代的融合之美在 Kunstindustrimuseet 展览上的作品"在板条上行走"得到了很好的展现。20 名设计师被邀请与 20 名细木匠合作创造一套由厚木板制作的家具。在展览之后，所有的作品都被拍卖，用来资助未来原创设计的发展。米歇尔·德·卢奇对这项计划很有兴趣。他认为，这是把设计当成文化，对设计真正的兴趣所在，同时还支持了家具工业的发展。

Hans Sandgren Jakobsen
板凳,经不起摇摆
岑木
高:48.4cm 长:76cm 深:38cm
Andre Skriver 丹麦
一次性作品

Henrik Schulz
椅子,橡胶椅
橡胶
高:55cm 宽:73cm 长:62cm
-ing 丹麦
原型

Henrik Schulz
椅子,现代遥杆
钢管,皮革
高:58cm 宽:65cm 长:82cm
-ing 丹麦

Todd Bracher
咖啡摊,开放隐私
薄岑木板
高:180cm 宽:180cm 长:180cm
-ing 丹麦

Hanspeter Steiger
椅子,Loi
合板
高:78cm 宽:41cm 长:45cm
-ing 丹麦
原型

Dögg Gudmundsdóttir
椅子/躺椅,翅膀
合板
高:125cm 宽:47cm 长:59cm
-ing 丹麦
原型

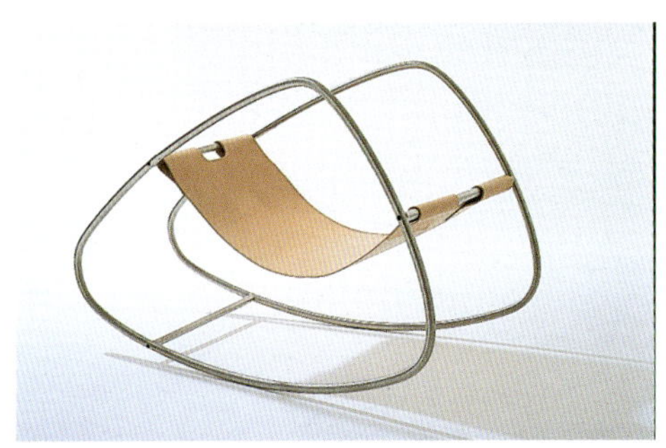

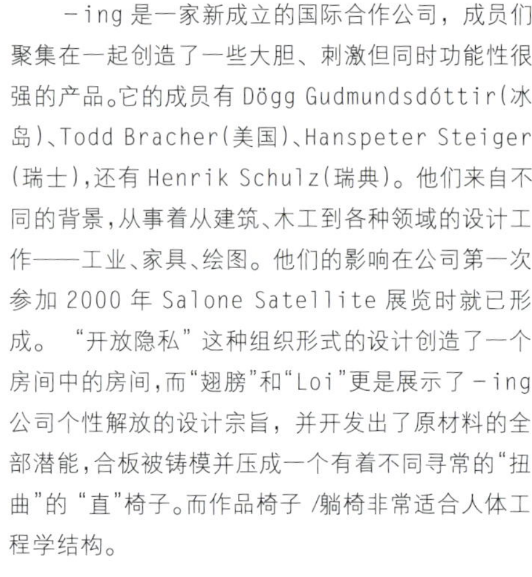

-ing 是一家新成立的国际合作公司，成员们聚集在一起创造了一些大胆、刺激但同时功能性很强的产品。它的成员有 Dögg Gudmundsdóttir(冰岛)、Todd Bracher(美国)、Hanspeter Steiger(瑞士),还有 Henrik Schulz(瑞典)。他们来自不同的背景,从事着从建筑、木工到各种领域的设计工作——工业、家具、绘图。他们的影响在公司第一次参加 2000 年 Salone Satellite 展览时就已形成。“开放隐私”这种组织形式的设计创造了一个房间中的房间,而“翅膀”和“Loi”更是展示了-ing 公司个性解放的设计宗旨，并开发出了原材料的全部潜能,合板被铸模并压成一个有着不同寻常的“扭曲”的“直”椅子。而作品椅子/躺椅非常适合人体工程学结构。

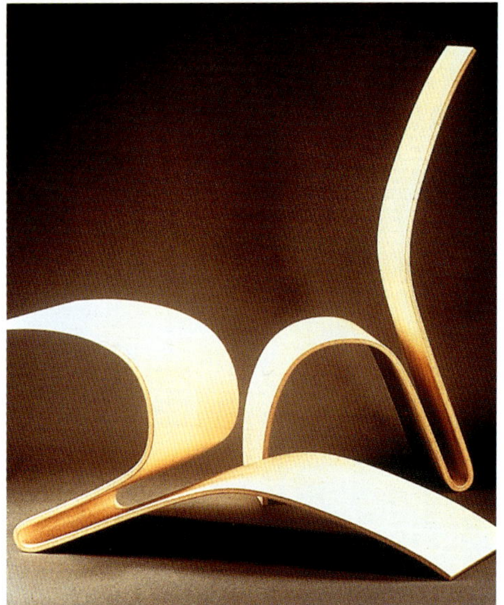

Ely Rozenberg
躺椅,Moby
钢,拉锁
高:63cm 宽:60cm 长:160cm
oz 意大利
有限批量生产

Ely Rozenberg
扶手椅,Poltronalampo
钢,拉锁
高:90cm 宽:60cm 长:65cm
oz 意大利
有限批量生产

Morrison 在《1999 年国际设计年鉴》前言里说，他认为有这样一项试验性的设计工作:“他们中的最优秀部分包含了一个概念上的元素，它使形式能适应不同的用途，一个对材料含蓄的运用结合了正确的重点,带来了新的、有趣的结果。”这段话正好可以和 Ely Rozenberg 的拉锁椅相配。Rozenberg 有一种用来制造弹簧的 0.6mm 钢制模板。它强度高,柔韧性好,适合用作家具勾边。加上拉锁以后,家具组合起来就方便多了。由于这种新技术,这种家具可以被打开，这样拆卸、储藏起来就很轻松了。钢一般都是坚硬的而且大都用焊接或铆钉固定。但在这里加工钢铁就如同裁减编织品。这种幻想的工业物质和一个从上世纪传下来的发明，挑战了所有传统的材料熔接技术。

Riccardo Blumer
椅子,Laleggera
木,聚氨酯,尼龙
高:79cm 宽:44cm 深:53cm
Alias 股份有限公司 意大利

Riccardo Blumer
Laleggera 桌椅堆
桌子,Ilvolo
枫木/岑木,聚氨酯,尼龙
高:73cm 长:90~220cm 宽:90cm
Alias 股份有限公司 意大利

Riccardo Blumer
板凳,Laleggera 板凳
木,聚氨酯,尼龙
高:44cm 宽:36cm 深:35cm
Alias 股份有限公司 意大利

Hannes Wettstein
椅子,Alfa
铝
高:80cm 长:49cm 深:50cm
Molteni & C 有限公司 意大利

Pascal Mourgue
椅子,Smala
钢,铝
高:82cm 宽:65cm 深:62cm
Ligne Roset 法国

Konstantin Grcic
椅子,Allievo
榉木,合板
高:97cm 长:54cm 深:87cm
Montina 国际股份有限公司 意大利

Konstantin Grcic
椅子,Scolaro
榉木,合板
高:75cm 长:54cm 深:87cm
Montina 国际股份有限公司 意大利

米歇尔·德·卢奇想要把他选出的一些极简主义设计集中在一起，尽管不是所有的极简主义设计作品都能放在一起凑成一组，但是我们可以得出这样一个结论:极简主义没有消亡。相反，它在 20 世纪有了显著的发展，并且在 21 世纪还有更壮大的趋势。通过减少在设计中的装饰性元素，突出材料和形式中更重要的部分，这就使得设计师有机会用更纯洁的方式来表达自己的观点。

Perry King,Santiago Miranda
可叠起堆放的椅子,Lisa
热塑性塑料,工业聚合物,铝,钢,橡胶
高:85cm 宽:44cm 深:44cm
意大利 Baleri 有限公司 意大利

Peter Wheeler,Mary Little
露天板凳,Lulu
陶瓦
高:22cm 直径:60cm
Bius 英国
原型

Gabriela Nahlikova,Leona Matejkova
椅子,扶手椅
膨胀座垫,不锈钢
高:85cm 宽:38cm 深:39cm
原型

Shin Azumi，Tomoko Azumi
高脚凳，LEM
钢，合板
高:65－75cm 宽:39cm 深:42cm
Lapalma 意大利

Gabriela Nahlikova，Leona Matejkova
椅子，Sesle
榉木，丝绸
高:82cm 宽:42cm 深:39cm
原型

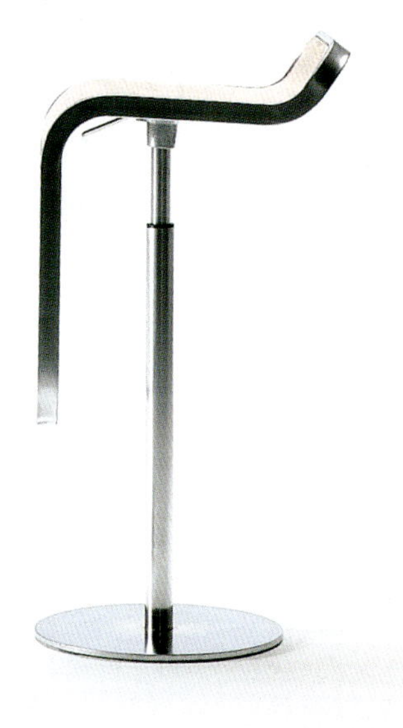

结束了在伦敦皇家艺术学院的学习后，Shin 和 Tomoko Azumi 在 1995 年创立了他们自己的工作室。他们俩都是 20 世纪 60 年代中期在日本出生的，他们的专业分别是产品设计和环境设计。他们创造的作品是永恒的，同时也很实用。其中，早期的作品表现了他们的信仰，那就是设计应当平易近人，应当能解决人们日常的问题。在 1990 年末期的过渡作品中，他们不顾反对，将 2～3 种功能限制在一件家具上，以适应狭小的空间。“铁丝框架”系列使用超市手推车技术来制造便宜的凳子和长椅，然后就是大批量生产的家具，比如上图的高脚凳，它们都有着简洁的线条。“我们想要在设计上集中体现家具的功能性，而不是它的装饰性”，Tomoko 这样说道。

Emilio Ambasz

可叠放的椅子,Vox
钢架,铝
高:79cm 宽:53cm 深:47cm
Vitra 瑞士

Vardit Laor

椅子橱柜
合板,玻璃
高:285cm 宽:80cm 深:40cm
有限批量生产

François Azambourg

椅子,Chauffeuse et Pouf
桦木合板,天然泡沫塑料
高:71cm 宽:70cm 深:97cm
VIA 巴黎
原型

在米兰 2000 展览会上有一个更精彩的展出,那就是 VIA 的"法国设计——2001 代",这是 VIA(物价稳定的家具创新)参展 20 周年庆典。VIA 始创于 1979 年,他的最初主办者是法国家具发展研究委员会(CODIFA)和工业生产部。今天,它对于法国家具生产业的重要性是无可辩驳的。它的功能是多种多样的,通过观察人们生活风格的变化,来界定潮流,联合法国各艺术院校以提高法国设计水准。它以卓有成效的工作为法国设计师们提供参考,为这一领域的生产商就策略和发展方面提出合理建议。对大多数有抱负的年轻设计师最重要的是,它组织了一个长期的考察团,每年调查 1000 份左右的设计绘图,并资助最杰出的原创设计计划。考察团还提供奖励性的研究津贴,提供给那些展示了创意和成熟的创造性方法的个人。 其他国家好像也有类似的组织,鼓励本国家具工业的创新。

Ross Lovegrove
椅子，空气一号
聚丙烯泡沫
高:53cm 深:115cm
Edra 意大利

聚丙烯泡沫塑料通常用于包装。Ross Lovegrove 的"空气一号"可叠放座椅和板凳（未选入本书中）都采用迪士高蓝和银色，好像从新回到了 20 世纪 70 年代。他们的重量非常轻，运输、叠放都很方便。

Danny Lane
桌子，可笑的水
玻璃，不锈钢
高:72cm 宽:170cm 长:193cm
一次性产品

高出一英尺
椅子，裂口
聚乙烯
高:75cm 宽:70cm 深:75cm
Nicehouse 英国
有限批量生产

高出一英尺
椅子，溪谷
聚乙烯，不锈钢
高:80cm 宽:50cm 深:55cm
Nicehouse 英国
有限批量生产

Ron Arad
沙发，维多利亚和阿尔伯特系列
聚酯树脂，钢，聚氨酯泡沫塑料
高:85～145cm 宽:180～290cm
Moroso 有限公司 意大利

Ron Arad
扶手椅，维多利亚和阿尔伯特系列
聚酯树脂，钢，聚氨酯泡沫塑料
高:75cm 宽:74cm
Moroso 有限公司 意大利

Ron Arad 为 Moroso 公司制作的维多利亚和阿尔伯特系列是以伦敦博物馆命名的。在那里，Ron Arad 从 2000 年 6 月一直展出到 10 月。展品全部采用同一品牌的回火钢，这种钢外面包了一层装饰性的、但又不可拆的外套，它采用基本颜色，产品可以做成各种尺寸，尽管一般来说越大越好。Javier Mariscal 说在米兰的 Moroso 展览现场，他刚看完这套沙发时，它的尺寸、华丽和优美的线条立时营造出一种氛围——你会这样想，这是一个爱的睡椅，我要马上躺上去享受一下。这是一个很有喜剧效果的时刻，David Starkey 教授（剑桥大学 Fitzwilliam 学院访问学者）近日披露，他在整理维多利亚女王的纪录时，发现同所有人的认识相反，女王欣赏疯狂的、带有娱乐性的性态度。

Philippe Starck
椅子,Hudson
高度抛光铝
高:84cm 宽:42cm 深:46cm
Emeco 美国

Pascal Tarabay
椅子,青蛙
木,铝,塑料
高:84cm 宽:50cm 长:50cm
限量生产

Karim Rashid
椅子,哦 椅子
聚丙烯,钢
高:86.3cm 宽:61cm 深:56cm
Umbra 加拿大

Mario Bellini
椅子,Arco
纤维玻璃,聚酯
高:85cm 宽:63.5cm 深:54.5cm
Heller股份有限公司 美国

Philippe Starck设计的Emeco铝制椅总能给人留下深刻印象,它有着不同寻常的刻板。当这种椅子被送去生产时,公司问他,你是否能对这样的改变负责。他说:"Emeco椅子是一项永恒的设计。你看,它就好像来自20世纪40或50年代。我想保留这种设计传统,但我会把它变成未来的经典之作。"他保留了原始设计的主轮廓,又使椅子可以叠放,并让它变得更轻、更符合今天的需要。

Karim Rashid无疑是美国当代最著名的设计师。他的专业技术跨越了灯具、餐具和家具设计的界限,其作品被国际设计界广泛推崇。他所使用的动感、优美的线条和对材料的掌握(比如Murano玻璃或最新的可重复利用聚丙烯)产生了这个系列设计作品,"哦 椅子"是一件符合人体工程学和运动感的多用途可叠放椅。设计背后的创意是生产一种高雅而又便宜的产品。采用柔韧的聚丙烯意味着"大街上随便谁"都能负担得起这把坐起来十分舒适的塑料椅。

Gunilla Allard
椅子,Cosmos
钢,木
高:80cm 宽:36cm 深:50cm
Lammhults Mobel AB 瑞典

Kasper Salto
刀刃
桦木
高:79cm 宽:49cm 长:50cm
Botium 丹麦

Emilio Ambasz
可叠放椅,声音
钢架,铝
高:79cm 宽:53cm 深:47cm
Vitra 瑞士

Alberto Meda
办公椅,Meda 2
塑料,编织物
高:96~101cm 宽:67cm 深:67cm
Vitra 瑞士

Richard Hutten
椅子，一种类型之一
Alucobond，铝
高:45～82cm 宽:40cm
sdb 工业公司 荷兰

jörg Boner
碗碟橱，Hoover
铝，编织物
高:199cm 宽:67cm 深:57.5cm
sdb 工业公司 荷兰

Richard Hutten
休闲椅，一种类型之一
Alucobond，铝
高:69cm 宽:67cm 深:50cm
sdb 工业公司 荷兰

Group Kombinat
书橱，高空
MDF，薄板，铝
高:42cm 宽:40cm 深:40cm
sdb 工业公司 荷兰

Group Kombinat
休闲椅，少女
铝，聚氨酯
高:104cm 宽:60cm 深:60cm
sdb 工业公司 荷兰

Geert Koster
储存单元，放松
多重滑道，网状框架，铝
高:160cm 宽:215cm 深:70cm
sdb 工业公司 荷兰

Group Kombinat
带灯的座椅，斑马
MDF，薄板，铝
高:48cm 宽:140cm 深:49cm
sdb 工业公司 荷兰

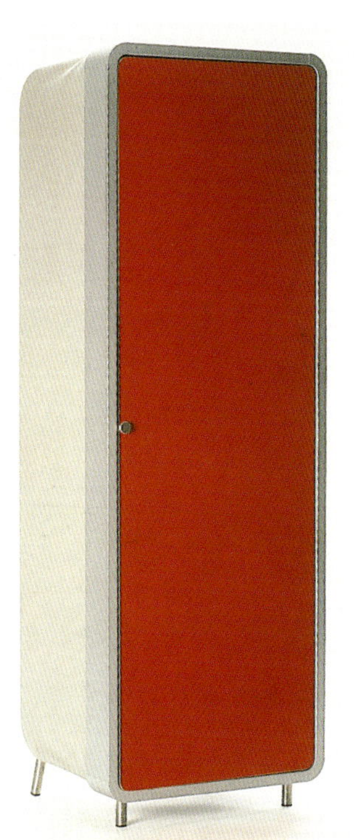

Ron Arad
桌子,不许浪费
Metawell
高:75cm 宽:220cm 深:130cm
sdb 工业公司 荷兰

Richard Hutten
橱柜,轮子
MDF,钢,铝
高:150cm 宽:100cm 深:70cm
sdb 工业公司 荷兰

Geert Koster
边桌,三头桌
Alcobond,钢
高:60cm 直径:35cm
sdb 工业公司 荷兰

Leon van Gerwen 是那种真正热心于提高当代设计水平的企业家。他于 1996 年加入 sdb 工业公司担任市场经理职务,当时公司已基本控置了展示橱柜的市场,但是利润却逐年降低。正是在这一时期,"隐藏"系列的创意形成了。Leon van Gerwen 的这个想法来自一些和他意趣相投的年轻设计师设计的作品系列。截止到目前,公司已经雇用了 9 个工作室 /独立制作人,它们是:N2、Group Kombinat、Ron Arad、Richard Hutten、Geert Koster、Dumoffice, EL Ultimo Grito、Atelier Oi 和 Christophe Pillet。

为什么叫"隐藏"呢? Van Gerwen 认为,作品必须反映设计师眼中的市场需求。现在有太多的公司将那些被认为不符合市场要求的设计隐藏起来。他说过,"创新是十分重要的,但你不能立刻就叫嚣这种设计不能制造,那种设计的市场还不成熟……我想要向公众展示的是真正的纯设计"。他的角色就是研制一种技术,使设计更有经济效益的同时,又不失去设计本身的造型创意,找到一种正确的协调市场和产品的渠道。

关于他的观点,我问过 Van Gerwen。我现在理解并且十分欣赏他的"隐藏"系列,但我不明白的是,Ron Arad 的"轮子的改造"(未入选)在 1996 年米兰展上大获成功,这样的作品又怎么会符合上述原则。Van Gerwen 解释说,这套设计的原件是 Arad 本人制造的并且是钢制的,现在通过他的公司,你就可以得到铝制的、尺寸更小的版本,而且价格也更有吸引力,这一切使得他的作品更具亲和力。"隐藏"给了那些被隐藏的天赋一个展示自己的机会。

Giancarlo Piretti
带振荡靠背的折叠椅，扭转
铝，聚丙烯
高:81cm 宽:47cm 深:58.5cm
原型

Alberto Meda
座椅系统，飘架
铝，聚酯网
各种尺寸
Alias 股份有限公司 意大利

Verner Panton
椅子,Pantostack
压铸铝,聚丙烯
高:84cm 宽:65cm 深:55cm
VS Vereingite Spezial Mobelfabriken 股份有限公司 德国

Pantostack 是 Verner Panton 生前最后一款家具设计。他死于 1998 年,但产品测试使它的设计到了 1999 年才正式投产。

Erwan Bouroullec
扶手椅,弹簧
钢,纤维玻璃,聚氨酯,橡胶
高:36~68cm 宽:72cm 深:80cm
Cappellini 有限公司 意大利

Barber Osgerby
厚圆椅垫或桌子 Hula
柚木芯
高:34cm 宽:40cm 长:75cm
Cappellini 有限公司 意大利

Mauro Mori
便桌,M2544
大理石
高:36cm 直径:33cm
Cappellini 有限公司 意大利

Mauro Mori
便桌,M2546
Rose Albitia wood
高:40cm 宽:61cm 长:38cm
Cappellini 有限公司 意大利

Alfredo Häberli
座墩,PO /0028
聚氨酯泡沫塑料
高:42cm 直径:43cm
Cappellini 有限公司 意大利

Cappellini 有限公司连续不断地用令人激动的新产品刺激我们的神经,他们的产品是征集了全球设计师的创意后筛选出来的。一个五人小组代表公司每年从上百件产品中进行筛选。所有的入选作品要符合一个共同的特征,每一件产品都要经过 Giulio Cappellini 本人的批准。他表示,设计必须有一个创新性的形式,或者运用了新的材料,或者两者兼有。他说:"每件产品必须在某些方面比以前的更好。"

我问他对"大名"和其他类似的新作品使用是否也算进去了,是不是从 Lissoni、Morrison 等人身上得到的成功给了他更大的自由去开发一些试验性的设计。他答道:"产品对我没有优先权。他们的价值是相同的。我可以把著名设计师的作品和年轻的个人设计都卖掉,每一件作品原型都要花费数年时间才能成一个系列,而且很多产品在市场上成熟起来是很慢的。不过,这不是问题。自从来了 Cappellini 公司,我们更喜欢和愿意长期合作的销售商打交道,不论它是不是最好的。"

他认识到,没有几个公司愿意同新生设计合作,这导致了今天的市场上缺乏选择余地。他说:"未来的设计师们不仅要设计新的产品计划,还要创造一个好的氛围。他们将来会发明'人类'计划,就是让使用者去梦想。我感觉我们中的一些设计师就在向这个方向努力。"

Cappellini 无疑是一个企业家。公司的产品出口到全球 50 余个国家,雇员有近千人,它的营业额每年都在增长。然而,Cappellini 那双富有诗意的眼睛和对新事物的判断力,加上他给新设计以机会的愿望,都保证了他搜集的作品不仅在商业领域非常成功,同时非常美丽、品种繁多。

Jasper Morrison
可折叠椅
榉木加板,橡木,聚丙烯
高:45~81cm 宽:53cm 深:47.5cm
Cappellini 有限公司 意大利

Alfredo Häberli
可伸长的桌子,轻松加长
镍,橡木,榉木
高:73cm 宽:130cm 长:190~250cm
Cappellini 有限公司 意大利

Piero Lissoni
橱柜,Uni
金属,涂漆木料,Macroter
高:64cm 长:270cm 宽:61.2cm
Cappellini 有限公司 意大利

Claudio Silvestrin
桌子和长凳,千禧的期待
胡桃木 心材
桌子,高:72cm 长:315cm 深:80cm
长椅,高:45cm 长:157.5cm 深:40cm
Cappellini 有限公司 意大利制

Erwan Bouroullec
隔间床，Lit Clos
钢，白桦木，铝，丙烯酸酯，纤维素，编织物
高：75～324cm 宽：240cm 深：200cm
Cappellini 有限公司 意大利

Carlo Colombo
储藏系统，Archi
不锈钢，玻璃，木
各种尺寸
Cappellini 有限公司 意大利

Kasper Salto
儿童日床,树叶
白桦木板
高:15cm 宽:35cm 长:85cm
原型

Pascal Tarabay
长椅,贝鲁特
金属,木,可回收塑料
高:75cm 宽:180cm 长:120cm
限量生产

Pascal Tarabay
躺椅,懒人躺椅
金属,木,EVA 泡沫
高:50cm 宽:65cm 长:180cm
限量生产

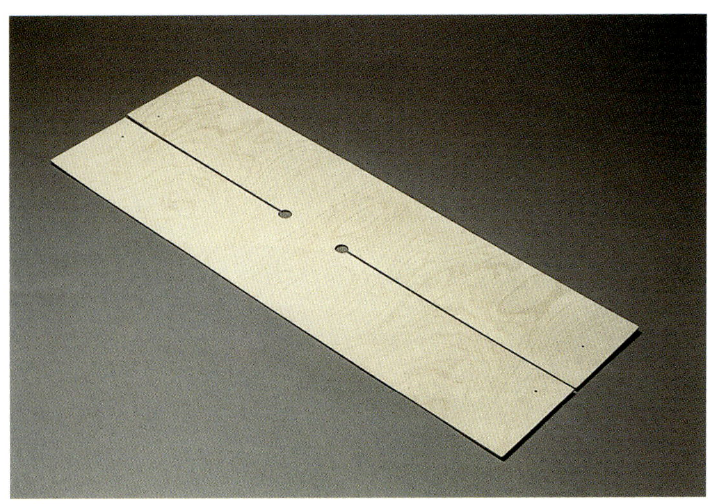

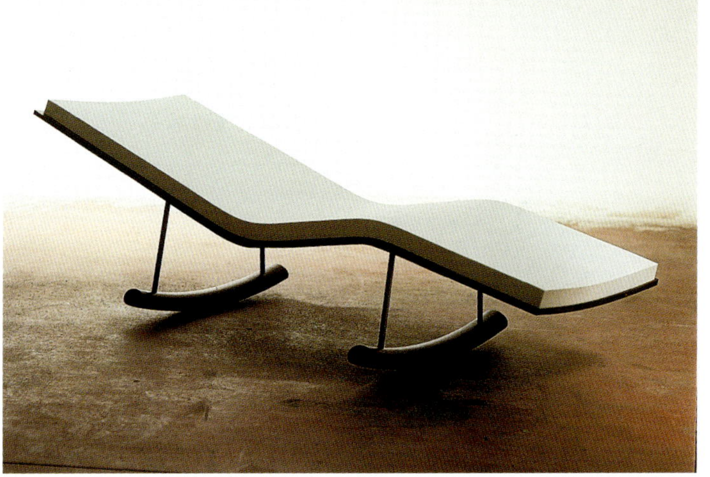

Kasper Salto 开始设计纸做的儿童日床。他先做了一个假设,任何能用纸做的东西,也一定可以用合板。于是剪了一个长方形,又从两端裁了两条缝,这样就产生了两条翼,把各边叠在一起用铆钉固定在一处,一个边就成了靠背,另一边成了支撑儿童身体重量的椅子腿。

Werner Aisslinger
躺椅,柔软
钢,铝合金,高技术胶
高:85cm 宽:60cm 深:180cm
Zanotta 意大利

Christian Ghion
躺椅,蓝礁湖
铝,聚氨酯胶
高:45cm 宽:60cm 长:160cm
Everstyl 法国
有限批量生产

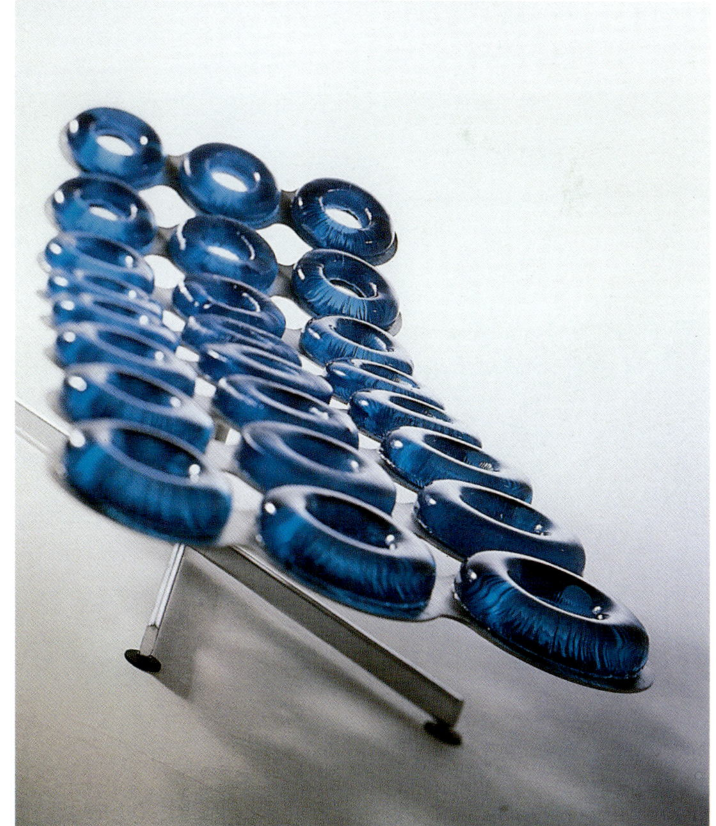

Werner Aisslinger 是 2000 年科隆和米兰这两座城市的代名词。这是一位多产的设计师,他的作品可谓是遍地开花,仅家具一项,代表作就有为 Jonas 和 Jonas 公司制作的"Linn"系列桌子、凳子、和长椅;为同一生产商设计的名为"盖子"的系列餐桌;为 Böwer 设计的 X—tisch 餐桌;Magis 的"加"单元家具;Cappellini 的 Juli 餐桌系列;还有给即将推出的未来软细胞家具系列设计的几件作品,Zeritalia(见 48 页)的细胞系列,为 Arflex 设计的"小块"座椅;为 Zanotta 制作的"柔软"躺椅(上图)。Aisslinger 对高科技和新材料很有兴趣,他认为在这些方面多花些精力要比用在手工创新形式上划算,这样,新的产品类型会发展下去。他说,他的目标已经锁定在"采用 3D 形式的非极简主义,并且干净得就像 20 世纪 90 年代生产的产品"。

Khodi Feiz
躺椅，躺椅 - bas
纺织品包的泡沫，钢
高:50cm 宽:100cm 深:100cm
原型

Pascal Tarabay
座椅，W + 全部
金属，木，毡
高:105cm 宽:65cm 长:75cm
限量生产

Maarten Van Severen
椅子，低椅
铝
高:63cm 宽:50cm 深:92cm
Maarten Van Severen 比利时

Paolo Piva
沙发，Ronda
金属，皮革
宽:120 /150 /180 /210cm
Wittman 股份有限公司 奥地利

Hannes Wettstein
沙发,大师
金属,木,聚氨酯,聚酯,鹅绒
高:75cm 长:232cm 深:95cm
Arflex 国际有限公司 意大利

Erwan Bouroullec
沙发,一个和一半
纤维玻璃,铁,泡沫,羊毛纺织品
高:85cm 长:140cm 宽:70cm
Domeau & Pères 法国

Paolo Rizzatto
沙发,Flexus
聚氨酯,钢,天然面料
高:91cm /106cm 长:240cm 深:78cm
Alias 股份有限公司 意大利

Francesco Binfaré
沙发,副翼
钢,聚氨酯
高:84cm 长:335cm 深:166cm
Edra 意大利

Clardio Bellini
扶手椅,DS—460
纹理皮革
高:92cm 长:119～137cm
de Sede 瑞士

Clardio Bellini
睡椅,DS—460
纹理皮革
高:92cm 长:232cm 深:90～106cm
de Sede 瑞士

Patricia Urquiola
睡椅,低地
木,皮革,聚氨酯泡沫,聚酯纤维,钢
宽:180～260cm
Moroso 有限公司 意大利

Antoio Citterio
沙发,闲暇
铝钢合金
高:62cm 长:174.5 /259.5cm 深:107cm
B&B 意大利

Piero Lissoni
沙发,地铁 2
木,金属,白色或橘黄色面料
高:71cm 长:160 ~ 210cm 深:100cm
living Divani 意大利

Werner Aisslinger
储藏系统，细胞系统
切割水晶，铝
高:80cm 宽:36cm 深:50cm
Zeritalia 意大利

Cini Boeri
沙发，米
聚氨酯，泡沫塑料，皮革，金属
高:76cm 宽:220 /260cm 深:97cm
Molteni 有限公司 意大利

Emaf Progetti
沙发，阿尔法
钢，弹性织物，聚氨酯，尼龙，鹅绒
高:65cm 长:230cm 深:92cm
Zanotta 意大利

Alfredo Häberli
橱柜，佛罗伦萨
MDF，铝合金，钢
各种尺寸
Zanotta 有限公司 意大利

Lodovico Acerbis
橱柜，欢乐单元
Wenge，樱桃木或涂漆木料家具
高:161cm 长:120cm 深:41cm
Acerbis 国际有限公司 意大利

Lodovico Acerbis
书架，架子
Wenge，樱桃木或涂漆木料家具
高:220cm 宽:80～120cm 深:35cm
Acerbis 国际有限公司 意大利

Lodovico Acerbis
书架，墙架
Wenge，樱桃木或涂漆木料家具
高:6cm 深:30cm
Acerbis 国际有限公司 意大利

Chiara Cantono
二维空间家具,席子
木,Moquette(一种有绒毛的厚地毯料)
高:350cm 宽:360cm 深:2cm
原型

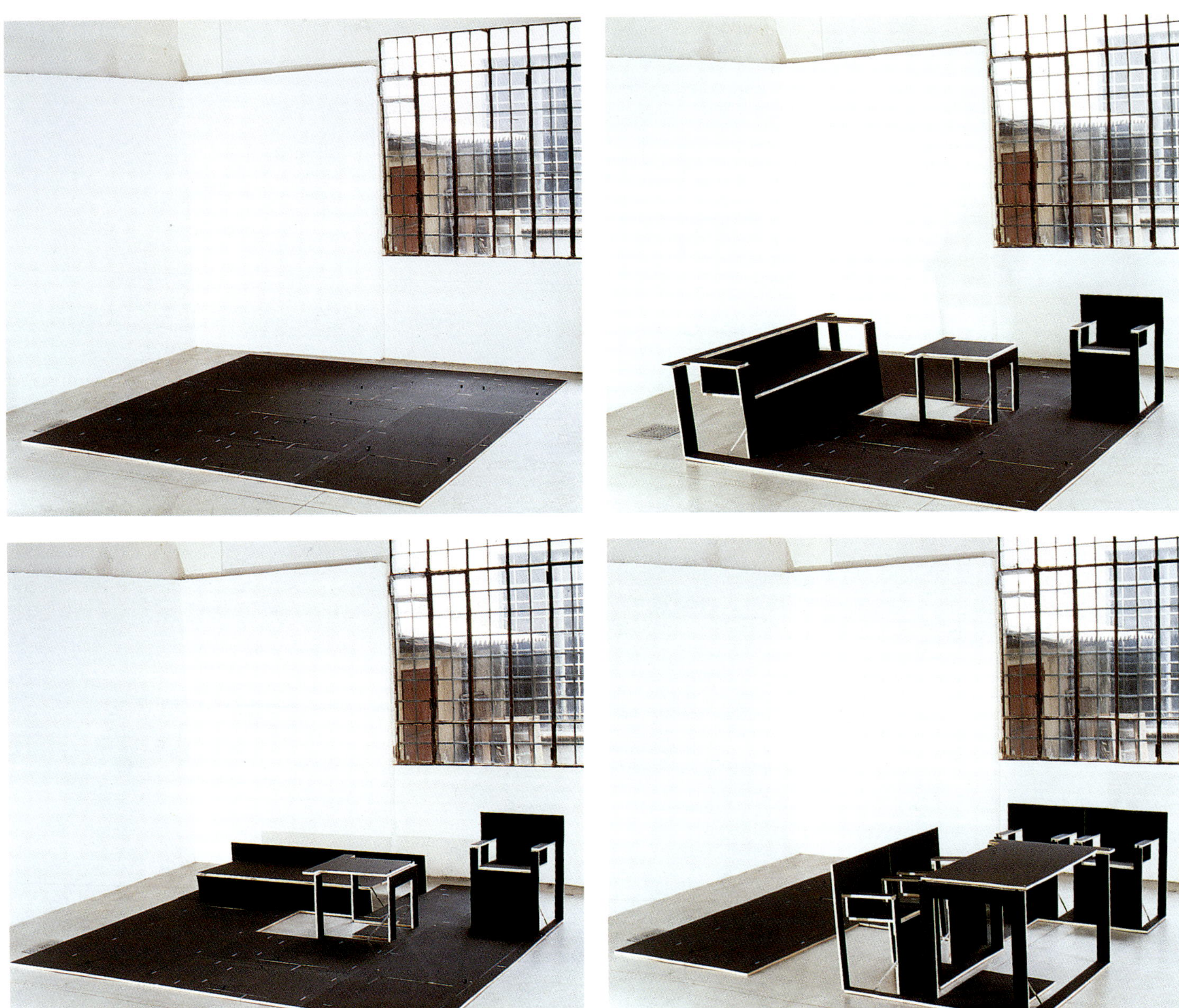

年轻的意大利家具设计师 Chiara Cantono 最近设计出了全新的起居概念。当不需要时，所有的家具仅用几秒钟就可以按照要求折叠成一个合板地毯,形成一个系列生活空间;所有组件均由一个模块机械系统保证。这让我们想起 Pietro Arosio 为 Zanotta 设计的 Mirandolina 座椅的结构,这需要一个工业程序来为准备要切割的铝板弯曲、压模，一次形成一个椅子的形状。这项设计的优点在于它可以很轻松地变回一个平板状态。

Kazuyo Sejima
Una Stanza Tutta per Sé
Driade 有限公司 意大利

椅子,Atsuatsu
实木板
高:19cm 宽:230cm 深:105cm

小桌子,Picapica
不锈钢,尼龙
高:36cm 直径:30cm

花架,Hanahana
不锈钢
高:160cm 宽:92cm 深:25cm

厚圆椅垫,Maramuru
钢,聚氨酯,不锈钢,尼龙
高:56.8cm 直径:73cm

Zaha Hadid
躺椅家具，Z 形
橡胶，木，金属
各种尺寸
Sawaya & Moroni 意大利

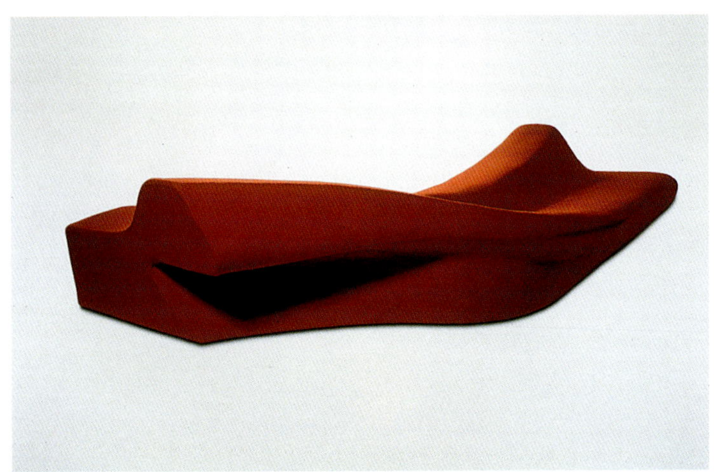

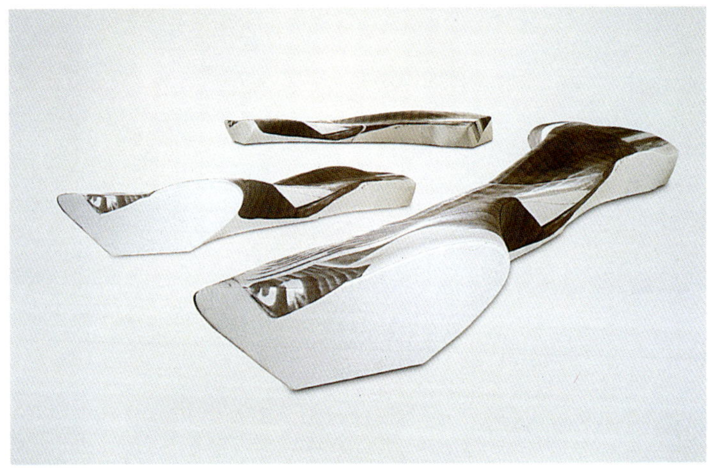

米歇尔·德·卢奇和我都为一件事所触动，那就是大量的建筑师在2000年为世界主要的生产商从事产品设计。在他们中有一些设计十分出色，Zaha Hadid 为 Sawaya & Moroni 设计的 Z 形；Norman Foster 工作室为 Thonet 设计的 A900 系列座椅和餐桌；David Chipperfield 设计的家庭办公家具，为 Driade 设计的 Kazuyo Sejima Una Stanza Tutta per Sé；Claudio Silvestrin 为 Cappellini 设计的"千禧期待"长椅；Rafael Moneo 为 Casas 设计的 Estocolmo 长椅，还有为 Build 生产的 Uchida 彩色水平橱柜。（同时，Steven Holl 和 Perrault 俩人都为 Fontana Arte 设计灯具。）Paolo Moroni（Sawaya & Moroni）也注意到了这一趋势，他表示："米兰设计不知何故在2000年大量依靠建筑界外援，一些只在产品设计师中选择的所谓传统公司也转向了建筑设计师。"德·卢奇认为，尽管来自不同的生产领域（空间设计和产品设计），但是，建筑与设计之间还是有很多共同之处的。

产品设计可以为建筑设计师提供一个表现机会。Jean Nouvel 写道："因为它不受类似建筑的时间间隔影响……设计可以是试验性的，这就给了设计师一个自由创新的空间，就像艺术家那样试验他们的创意。"（《1995年国际设计年鉴》）Hadid 的 Z 形就是代表之一。它是起居空间的一个全新概念。家具的外形很像冰山腐蚀的景象。"冰山"和"冰碛"是一对用泡沫塑料装饰的整体塑制沙发。它们展览时还伴有一对互补的桌子，"钟乳石"和"石笋"，这两件作品都选用天然材料和漆木。整件作品可以放置在一起形成一个整体，也可以拆成小的组件。这个过程为传统的室内布置提供了一个全新的动力，将争议带入传统的空间观念之中。

Foster 计划 A 900
桌子,A1910
木,玻璃,铝
高:74cm 长:2250cm 宽:90cm
Gebrüder Thonet 股份有限公司 德国

Foster 计划 A 900
长椅
铝,皮革,纺织品,合板
高:73cm 长:127cm 深:63cm
Gebrüder Thonet 股份有限公司 德国

Foster 计划 A 900
座椅,A900
铝,塑料/纺织品/合板
高:68cm 宽:59cm 深:53cm
Gebrüder Thonet 股份有限公司 德国

Foster 计划 A 900
座椅,A902PF
铝,皮革/纺织品/合板
高:68cm 宽:59cm 深:53cm
Gebrüder Thonet 股份有限公司 德国

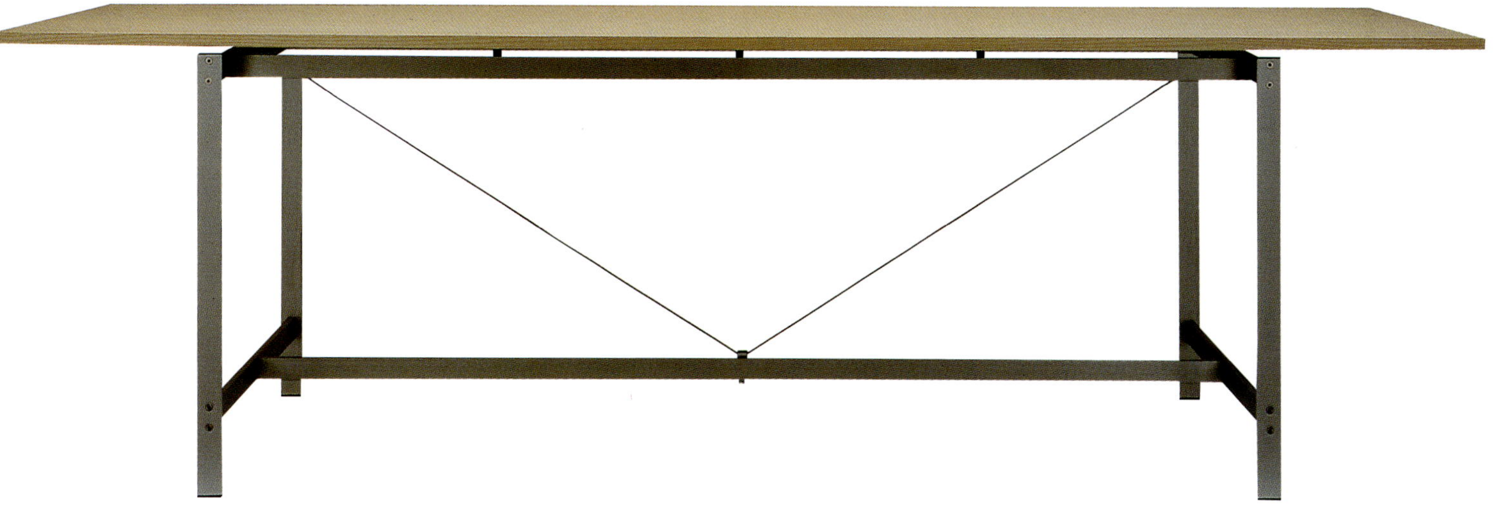

有时候一个建筑师的视角可能不如设计师那样诱人或是不够时尚,但建筑师对永恒的空间有一个固定的理解。建筑师设计起居环境家具已经不是什么新鲜事了(比如,Bauhaus 运动或是艺术手工艺运动产生的设计"总共")。1994 年 John Small 在 Foster and Associastes 成立了产品设计小组。他说:"Foster 办公室经常设计整体建筑,因此,他们经常见到作为整体建筑一部分的家具设计——而不是孤立的设计。"Foster 谈到为 Thonet 设计的全新 A900 系列时说,"对我来说,家具就像微观世界的建筑,虽然它们有着较大的不同,但是原因与结果之间的时间将它们的距离拉近了"。Foster 很欣赏 Thonet Bentwood 座椅的原始设计和后来的衍生座椅产品,在这项设计中金属管取代了木条。他的 A900 系列找到了一种方法使传统的 Thonet 风格与今天先进的生产技术揉和在一起。Foster 对早期设计师简洁的设计风格十分青睐,他的系列设计使用很少的组件,零件的组装是用一种名叫 Allen 的强力螺丝刀拧在一起的。

David Chipperfield
家庭办公室
Driade 意大利

桌子
桃花心木,铝
长:80cm 深:80cm 高:73cm

书柜
桃花心木,铝
长:180cm 深:40cm 高:172cm

橱柜
桃花心木,铝
长:180cm 深:40cm 高:150cm

Rafael Moneo
长椅,Estocolmo
UDF,枫木薄板
高:79.5cm 宽:66cm 长:200~250cm 深:66cm
Casas 西班牙

Shigeru Uchida
橱柜,水平的
橡木,铝
高:91cm 宽:90cm 长:18cm
Build 日本
原型

Rodolfo Dordoni
床,Favignana
枫木实木
高:158cm 长:200cm 宽:171 /181 /191cm
Flou 有限公司 意大利

Patrizia Scarzella
床,Meridiana Testata Alta
铝,实木
长:200 /210cm 宽:160 /170 /180cm
Flou 有限公司 意大利

Hans Sandgren Jakobsen
床,Grandlit
榉木,钢
高:78cm 宽:220cm 长:200cm
Fredericia A /S 家具公司 丹麦

Hans Sandgren Jakobsen 的"Grandlit"是一个全新的床具设计概念。小桌子和它的两个支撑点可以放在床周围任何位置,这样设计使得桌子的用途非常广泛。

Boum 设计公司
躺椅,空气躺椅
乙烯基树脂,橡皮带
5 个垫子的高:20.3cm 宽:61cm 长:61cm
Boum 设计公司 美国

Boum 设计公司
屏风,空气墙
树脂玻璃,乙烯基树脂,橡皮带
9 个垫子高:203cm 长:182.8cm 深:25.4cm
Boum 设计公司 美国

Boum 设计公司
软垫,空气垫
乙烯基树脂
高:20.3cm 宽:61cm 长:61cm
Boum 设计公司 美国

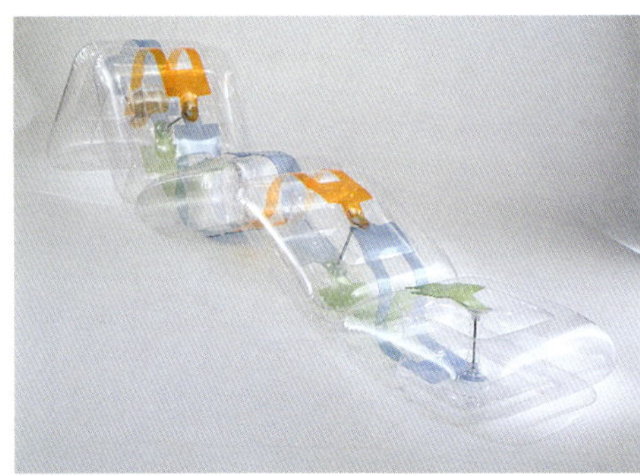

“美国人来了”这句话是 2000 年米兰家具展销会大街上被喊得最多的。在这个没有 G7 集团的展览上，Pierre Bouguennec(Boum 设计公司)的大量作品成了展示会的中心，人们都是带着兴奋来谈论他的作品的。G7 集团的其他成员是 Once(Marre Moerel、Harry Paul van lersel 和 Camilla Vega),CCD(Christopher Deam),原型和生产(Chris Bundy 和 Ross Menuez), Worx(Michael Solis), Comma(David Khouri 和 Robert Guzman)还有 Dinersan 有限公司(Nick Dine)。他们的设计总能展示出新颖而轻松的设计方法。看得见，摸得着，功能性强，他们开始了一个新的美国运动。MoMA 公司的 Paola Antonelli 曾说过:“新一代美国设计师已经走上了舞台，他们必将迅速地打破旧有的世界设计格局，这对美国设计界来说是一个伟大的时刻。”同样的,纽约 Urburbia 展览会与纽约 2000 年当代家具展销会同时进行，一群年轻美国设计师的作品被放在了突出位置(与 G7 参展作品交叠放置)。Nick Dine、Jeffrey Bernett、Richard Shemtov、Michael Solis、David Khouri 和 Harry Allen 为城市生活设计了一系列家具。Shemtov——他所在的公司 Dune,安排了他的计划——要求每一件产品都要达到统一化,“包括相同或相似的尺寸和功能，还要具备现代美”。“Urburbia”展为普通纽约居民提供了多样选择、混合匹配家具的机会。

Boum 设计公司
空气椅
树脂玻璃，橡胶带
2 个垫子 高:61cm 宽:81cm 长:81cm
Boum 设计公司 美国

Jacob Timpe
桌子,Tischbocktisch
岑树原木,橡胶
高:73cm 长:190cm 深:85cm
Moormann Möbel 生产公司 德国

Pascal Mourgue
角桌,Smala
橡木,铝
高:46cm 长:100cm 宽:100cm
Ligne Roset 法国

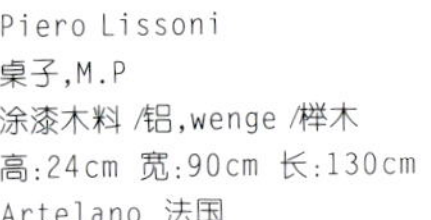

Piero Lissoni
桌子,M.P
涂漆木料/铝,wenge/榉木
高:24cm 宽:90cm 长:130cm
Artelano 法国

Paolo Ulian
咖啡桌,长椅 2000
合板,铝
高:30cm 宽:75cm 深:150cm
原型

2000 年，我们欣喜地看到了新设的创意奖项——设计报道奖。这是由德国一家同名杂志发起的。Matali Crasset、Konstantin Grcic、Ross Lovegrove 和 Nasir Kassamali 被聘为评委。他们从 Salone Satellite 提供的上千个设计中挑选出了 Paolo Ulian 的“长椅 2000”。这个咖啡桌由柔韧性很好的合板制成，桌顶可以被轻松地掀起来，形成一个带靠背和一小块储物空间的长椅。

Jeffrey Bernett
椅子,Beta
桦树合板,碾压塑料板,ultrasuede
宽:49cm 深:51.5cm 高:82.5cm
Dune 美国

Michael Solis
橱柜,四 四十
Dune 美国

纽约 Urburbia 展览会一角
Michael Solis
边桌,Fuse+,Fuse-
胡桃木薄板,马特上漆 MDF,铝
宽:41cm 深:41cm 高:60cm
Dune 美国

Harry Allen
床,La La Salama
胡桃木薄板,马特上漆 MDF,光滑铝
宽:223.5cm 深:51.5cm 高:228.5cm
Dune 美国

La La Salama 的意思是在 Swahili"安静地睡去"。Harry Allen 的土豆床不仅看上去不错,躺着也很舒服。看这套家具就好像在看情景喜剧(在这里，主人好像因为有个客人突然来访而需要把整个房间快速收拾干净，比如，把没洗的袜子扔到床上，然后藏到墙里面)。这件美国设计师的作品仿佛经过了一番整容。胡桃木组合柜包括折叠式的大号床,并且可以藏在一边或门后,背面是一系列储物组合柜、架子和镜子,还有边桌也可以在晚上降下来,在白天升上去。床有着地或接触天花板的床腿,这样的保护比只靠墙安全得多，这套家具作为房间的隔断还是很理想的。

Antonio Citterio
工作台,袖珍指南
钢、铝、MDF
高:180cm 宽:120cm 深:105cm
Vitra 瑞士

Peter Maly
办公系统，Modul 5000
钢、涂漆木料、玻璃、枫木、榉木、胡桃木
各种尺寸
Mauser 办公室 德国

“家庭办公室”是一个很受米歇尔·德·卢奇喜欢的概念。他的精选品包括很多家具范例，这些家具虽然是被设计成办公家具。但稍加修改就能从视觉上、功能上都适合家用家具。N2和Defne Koz书桌就是对传统办公桌的改造（见64页），同类的家具还有Power的Go-Car（见66页）。通过将工作站的尺寸减少到最小，使用浅颜色玻璃材料，Power创立了家庭/办公家具的新美学。在另一方面，Radice的设计可以巧妙地在工作日结束时收拾办公室（见68~69页）。德·卢奇认为办公家具一直以来就太复杂了，而家庭/办公家具创造的环境则完全不同。他目前正在从事办公室的内部空间设计，他倾向于使用那些既能在办公室使用也能在家里用的办公家具。尽管他已经选入了一些家具，但他还期待着反映每名工作者个性的个人办公家具的出现。

Christian Deuber,Jörg Boner(N2)
桌子,阿贾克斯
实木,钢
高:77cm 宽:110cm 深:93cm
ClassiCon 德国

Defne Koz
办公桌,钢琴
不锈钢,合板
高:92cm 宽:105cm 深:90cm
Mobileffe 意大利

Werner Aisslinger
桌子,x—tisch
实木,钢,铝
高:70~78cm 宽:90cm 长:220cm
Böwer股份有限公司 德国

Werner Aisslinger的x-tisch是一款多功能桌，它可以用在家庭和办公室。它既可以折叠又可以调节高度，他采用的x-tisch桌腿使得桌子的稳定性大大提高，整个桌子也是通过桌腿来改变高度的。

Benjamin Thut
折叠桌,剪刀桌,Alu 1
合成树脂,精制钢
宽:80cm 长:160cm
Sele 2 瑞士

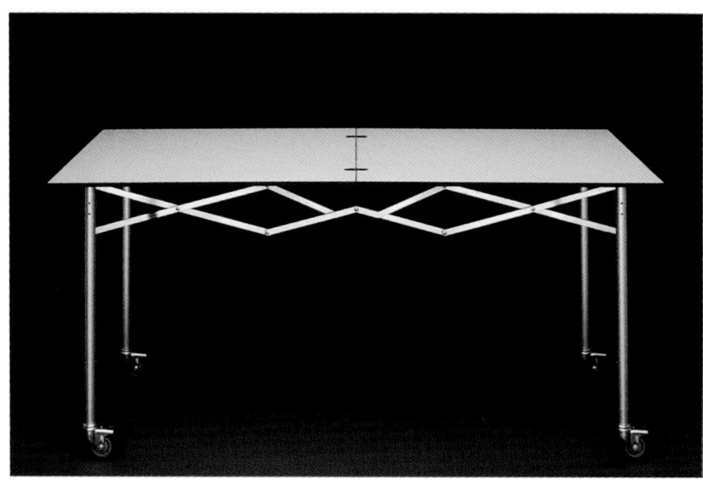

Pekka Tiovola
可调电子桌，Promo
碾压板，薄板，钢
高:70～120cm
Martela OYJ 芬兰

L.Carniatto
工作台，导航员
铝，层压板
高:132cm 长:102cm 深:44cm
Bellato 意大利

Tim Power
电脑桌，Go—Car
切割玻璃，金属
高:81cm 宽:52cm 深:72cm
Zeritalia 意大利

Geoff Hollington
家庭办公桌,vu 桌
聚酯,树脂,钢
高:130cm 宽:100cm 深:68cm
Herman Miller 英国(赞助商)
原型

vu 桌把办公家具这个概念的地位提升了 n 度。这是一个为未来家庭设计的互动式桌子,在桌子上所有的交流(商业、家庭、学校)都可以通过 e-mail 来完成,通过说话和动手就可以得到音频和视频的服务。你甚至不用离开座椅就能实现社会化。一个嵌入式的摄相机可以把您的形象发给联网的朋友或安有广角屏幕的会议桌上。

Dante Donegani 和 Giovanni Lauda
家庭办公设备，大脚
金属，实木
高:72cm 宽:75cm 长:125～325cm
Radice SNC 意大利

Alberto Meda，Paolo Rizzatto
办公系统，伙伴办公室
榉木，铝
高:125cm 宽:70cm 长:100cm
Kartell 有限公司 意大利

Dante Donegani 和 Giovanni Lauda
家庭办公设备,Midi
金属,实木
Radice SNC 意大利
高:80cm 宽:60cm 长:135cm

Dante Donegani 和 Giovanni Lauda
家庭办公设备,紧凑
金属,实木
高:80cm 宽:60cm 长:110cm
Radice SNC 意大利
有限批量生产

Pepe Tanzi
办公系统,流行办公室
铝,层压板,树脂
Album 股份有限公司 意大利

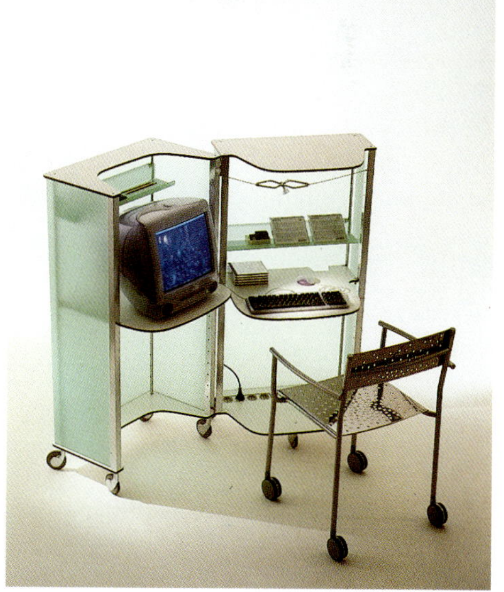

Teppo Asikainen
墙饰板，南浪
模块聚酯纤维
长:60cm 高:60cm
Snowcrash 瑞典

Annette Egholm和Jacob Agger
屏风，阴影
铝，编织材料
大号，高:188cm 宽:89cm
小号，高:153cm 宽:89cm
Bent Krogh A /S 丹麦

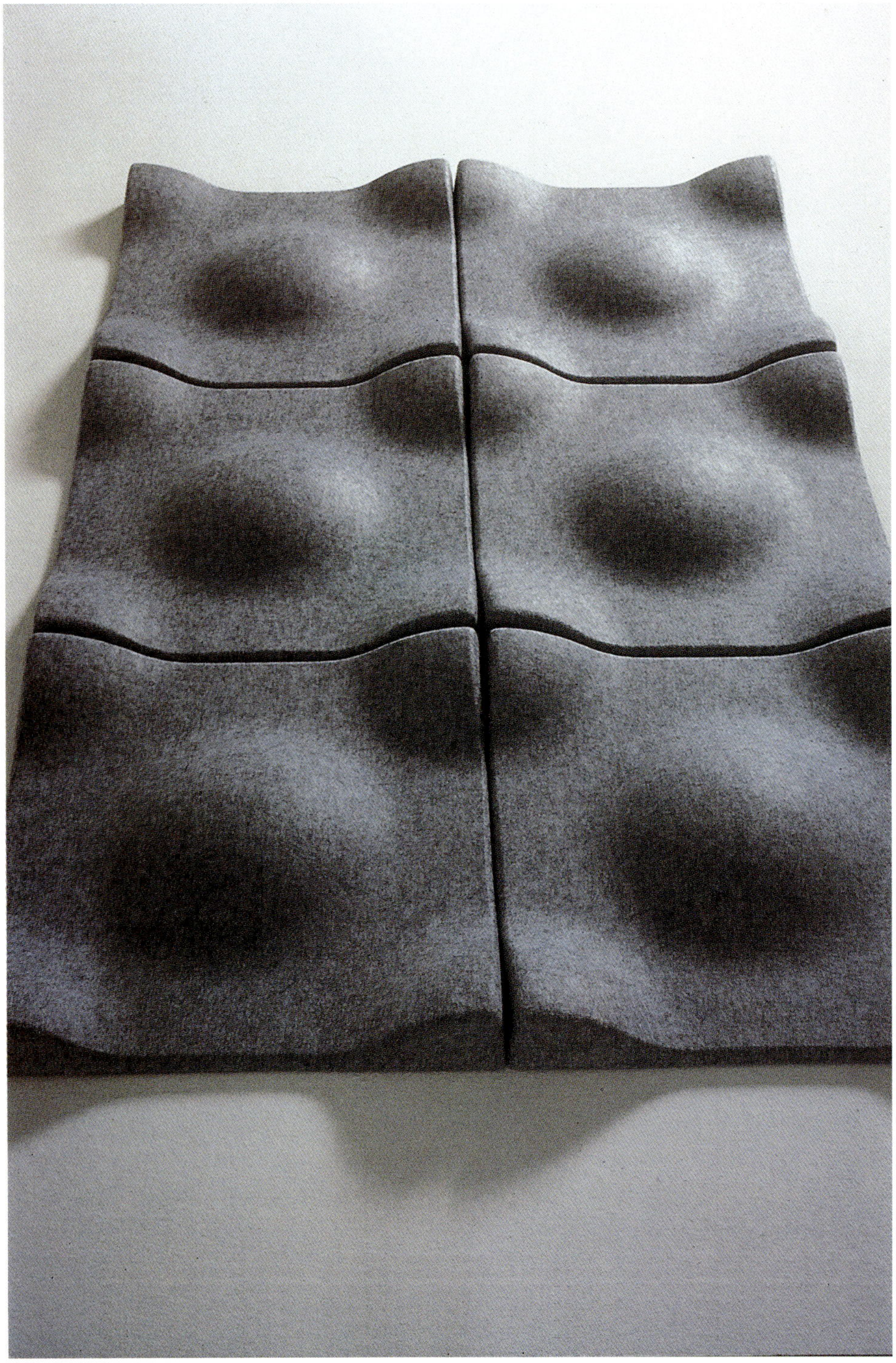

Snowcrash 公司成立于 20 世纪 90 年代末期，这是一个由一大群年轻的芬兰设计师组成的创新集团。在 1997 年米兰展览会上，展出了处女作之后，Snowcrash 成为来自世界各地的媒体的新宠。该设计已经投入生产并且成为令人激动的试验性设计的代名词。有了这次成功的经验后，Snowcrash 被一家瑞典公司购买——Proventus 设计公司，该公司同时还是 Artek 和 Kinnasand 纺织品公司的股东。今年集团着手进行一系列新的发展，尽管 Snowcrash 缺乏足够的理由，但 Proventus 集团还是对其进行了大量投资来促进 Snowcrash 的壮大。目前，Snowcrash 正处在按部就班的发展之中。

Teppo Asikainen 的“南浪”墙饰板曾作为早期原型在科隆上市，现在已投入生产。它采用了飞行器、汽车和火车内壁使用的模块聚酯纤维作为制作材料。这种近似于毛毡的聚酯由再生的塑料瓶盖和其他不同的纺织品构成，它可以被施以不同的磨光处理或加上不同的颜色。每一块手工制作的饰面砖都用维可牢尼龙搭扣与下一块相连。

Antonio Citterio
组合柜系列，十字架
钢，橡木，wenge，玻璃，铝，大理石
各种尺寸
意大利 B&B 公司 意大利

Hannes Wettstein
搁架，项目
木，铝
高：15 /62 /76cm 长：180 /270cm 深：64cm
Cassina 有限公司 意大利

Peter Maly
家具组合柜，Duo—Medienbank
大理石，铝
各种尺寸
Interlübke 股份有限公司 德国

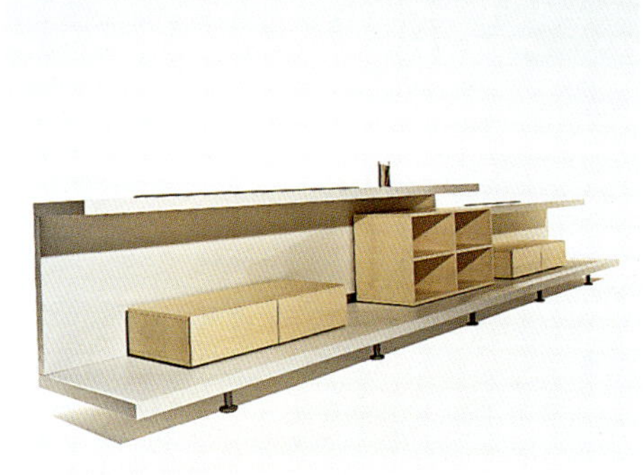

Lorenzo Damiani
CD架,曲折
木,钢
高:100cm 宽:150cm 深:50cm
原型

Gabriela Nahlikova,Leona Matejkova
橱柜,立方体
PUR
高:40cm 宽:40cm 长:40cm
原型

Louise Campbell
储物柜,临时碗柜
薄板,岑木,橡胶带,维可牢尼龙搭扣
高:180cm 宽:40cm 深:30cm
Bahnsen Collection 丹麦

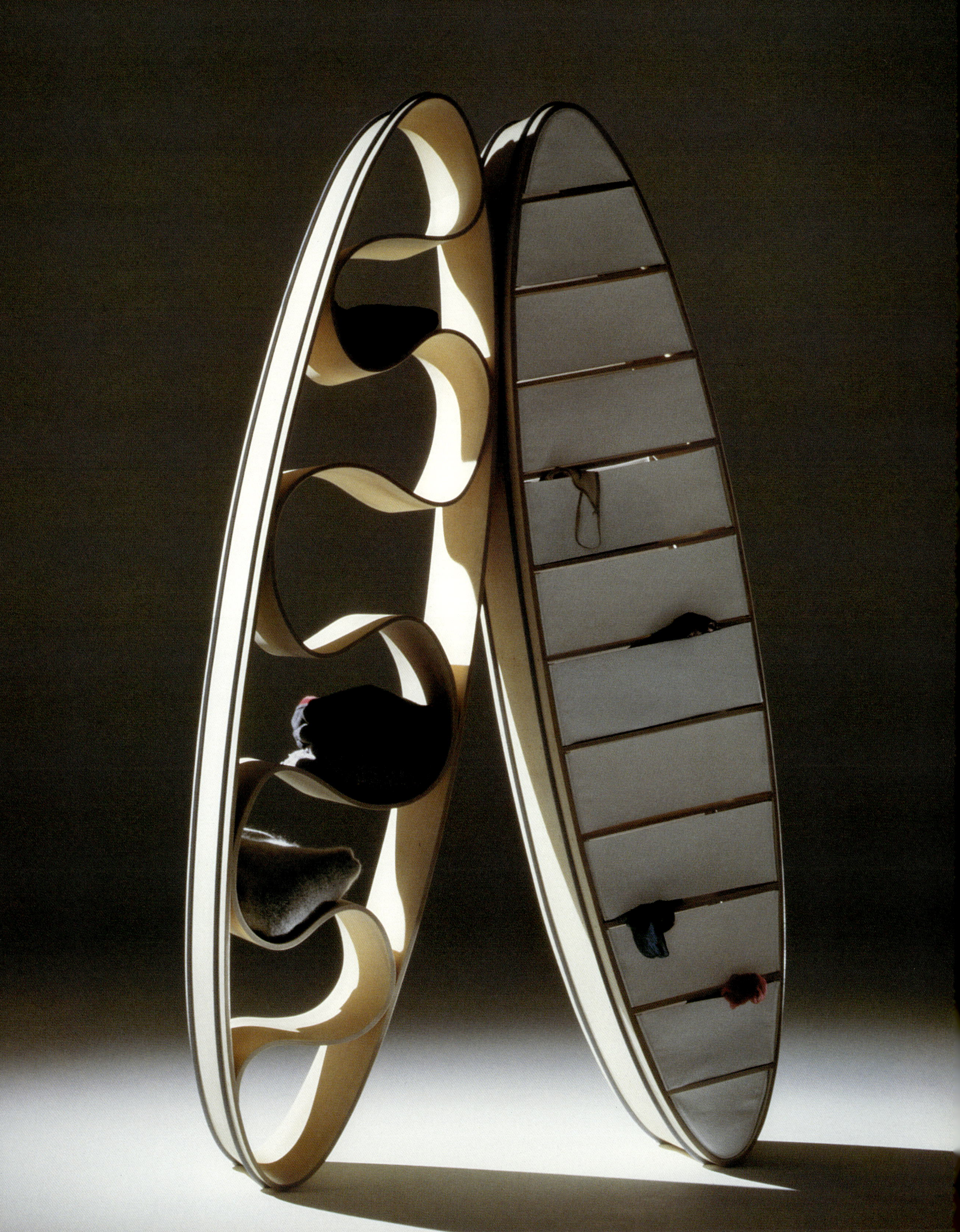

Benny Mosimann
储物组合，Wogg 20
PET，榉木贴面板，铝
高:96 /184cm 宽:76cm 深:57cm
Wogg 有限公司 瑞士

Wogg 20 是从 Benny Mosimann 餐具柜和碗柜系列中变化发展出来的新设计。它们都采用了同样的拉门和透明的正面外形。"20"是一种较大的储物柜，它浑圆的外壁造型复杂，采用了革命性的浇铸技术。双 PET 结构使家具有着更光滑的外表，再结合模制内置底座，从表面上看，这个垂直结构很僵硬，但实际上，它是非常柔韧的。条纹图案使得作品看上去十分刚韧，同时，它的透明外表也体现了这一特色。

Hannes Rohringer
移动卡片
木,涂漆木料,白色铝
高:171cm 宽:39cm 长:156cm
Streitner股份有限公司 奥地利

Hannes Rohringer
卡片跑车系列
木,涂漆木料,白色铝
Streitner股份有限公司 奥地利

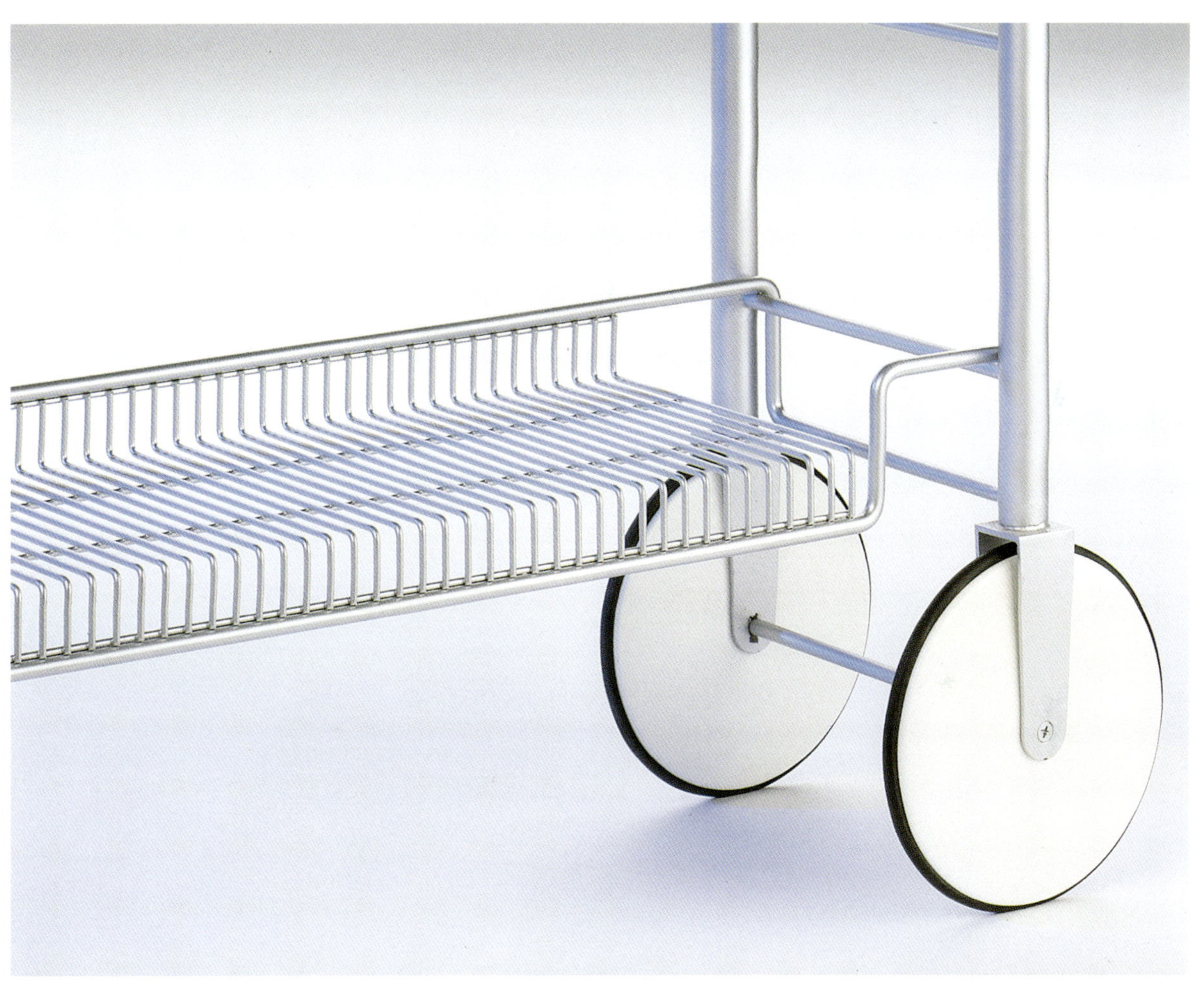

Stephan Titz
Korpus 系统，家庭基础
洋李木 /榉木
高:130cm 宽:130cm 长:130cm
有限批量生产（洋李木）
大量生产（榉木）

Stephan Titz 的“家庭基础”，Procter Rihl 的“飘”，还有 Jiri Pelcl 的“鹅卵石”和“古怪块”（见 80 页），这些设计都改变了书柜传统的二维外形，使它们看上去不再刻板。“家庭基础”是一套正方形倾斜的立体书柜，它可以被任意地扭动组合。同样的，“飘”也是很柔韧的（设计师考虑到了家具的随机性，他认为，“要让使用者自己选择产品的外形”）。

Fernando Rihl,Christopher Procter
搁架,飘
白桦合板
高:227.5cm 宽:227.5cm 深:37.5cm
Spatial Interference 伦敦
有限批量生产

Shigeru Uchida
搁架,Kaja
碾压板
高:350cm 长:210cm 宽:22cm
Abet Laminati 有限公司 意大利

Ettore Sottsass
家具组合柜,Kampa
合成薄板,钢
高:211cm 宽:66cm 长:112cm
孟菲斯股份有限公司 意大利

Jiri Pelcl
座椅——书柜，鹅卵石
木，丙烯酸塑料
高:50cm 长:118cm 深:48cm
Atelier Pelcl 捷克

Jiri Pelcl
书柜，奇怪块
木，丙烯酸
高:130cm 宽:110cm 深:50cm
Atelier Pelcl 捷克

Martine Bedin
书柜，石板
层压板
高:180cm 宽:50cm 长:140cm
Abet Laminati 有限公司 意大利

Maarten Van Severen
94 小角轮上的碗碟橱
铝
高:40cm 宽:240cm 深:40cm
Maarten Van Severen Meubelen 比利时

Alfredo Häberli,Christophe Marchand
标准组件结构,SEC
铝,不锈钢,甲基丙烯酸
各种尺寸
Alias 股份有限公司 意大利

Carlo Cumini
展示柜系列,Cut—al
铝
高:34～194cm 长:64～328cm 深:49cm
Horm 股份有限公司 意大利

Dakota Jackson
书柜,主框架
涂漆木料,anigre,玻璃,丙烯酸
高:219.7cm 宽:115cm 深:38cm
Dakota Jackson 美国

Horm 技术工作室
橱柜,Expò
铝,玻璃
高:194cm 长:32～64cm 宽:34cm
Horm 股份有限公司 意大利

Piero Lissoni
橱柜,一
金属,涂漆木料,macroter
高:64cm 长:270cm 宽:61.2cm
Cappellini 有限公司 意大利

Carlo Tamborini
家具系列
不锈钢,涂漆木料 /橡木
高:115cm 宽:254cm 深:66cm
意大利 Pallucco 公司 意大利

Petra Runge
镜子,书
阳极电镀铝
高:127cm 长:47 /90cm
De Padova 股份有限公司 意大利

Marco Giunta
办公家具,L4RU
纸板
高:188cm 宽:36cm 长:30cm
Disegni 意大利

Martin Szekely
纸板,大型衣橱
铝,塑料
高:107cm 宽:64cm 深:41cm
Gelerie Kreo 法国
有限批量生产

Jurgen Bey
椅子,do 加 1
层压板,镀铬钢
高:83cm 宽:40cm 深:45cm
do +Droog 设计

Marti Guixé
do 再生
尼龙丝,家具
do +Droog 设计

Marti Guixé
灯饰,do 刻
灯盒,黑色外皮
高:9cm 宽:65cm 深:9cm
do +Droog 设计

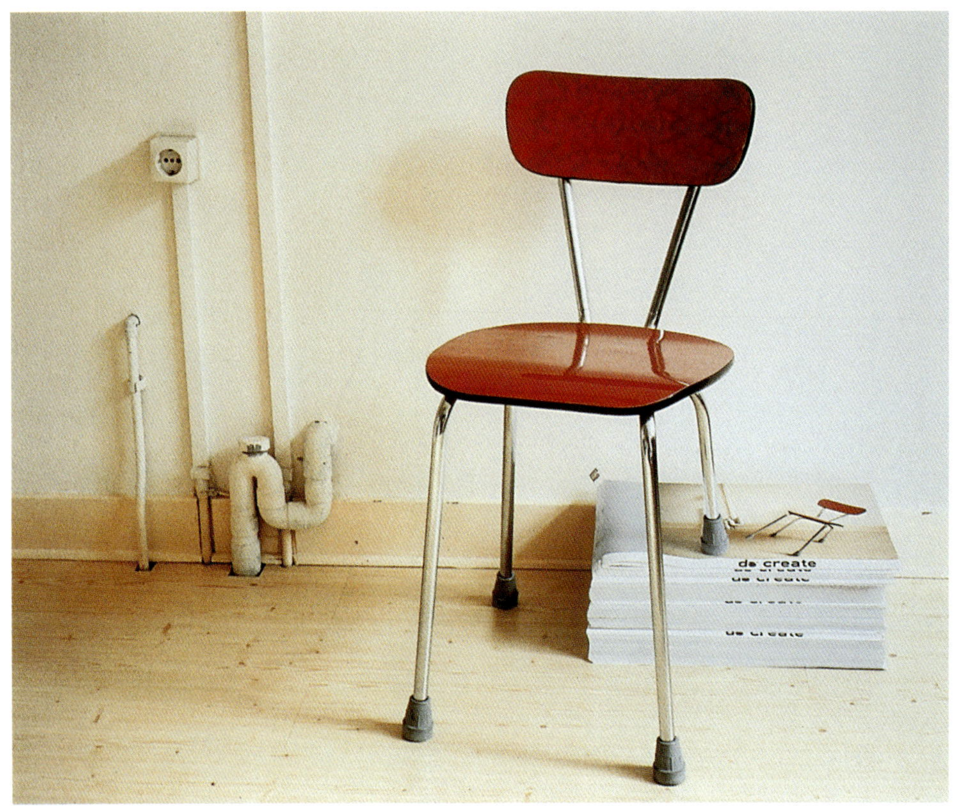

Droog 设计公司成立于 1993 年，它的总部设在阿姆斯特丹。公司发起并发展了由一群年轻设计师主持的试验性计划，出自该计划的每一个系列作品都反映了一种意识形态。在 1999 年,他们为 Oranienbaum 制作的作品“Couleur Locale”为目前还很贫穷的前东德地方性风格提供了一个完整的建议。

在 2000 年,“do 创造”为我们带来的既有个人作品,也有工作室的集体创作。其中包括 Radi 设计公司（法国）、Marti Guixé(西班牙)、Thomas Bernstrand(瑞典),还有 Jurgen Bey(荷兰)。他们都为试验中的品牌“do”做了一套设计。这个品牌是由荷兰宣传公司 Kesselskramer 提出的。“do”要求产品符合品牌的名称，而不是先造出产品再起名字。Kesselskramer 给出了“do”这项发明创造的解释,正如它的名字所暗示的,这是一个不断变化的牌子,它的变化取决于你做什么。这是一个向来自任何地方、任何人的创意开放的品牌。Droog 创造的产品能在心灵上和身体上与使用者产生互动。这样的创意对 Droog 来说早就不新鲜了。Gijs Bakker 的“深墙纸”只有被老报纸或海报覆盖上的前提下才能使用。Dyoke de Jong 的窗帘完全是夹克样式的。如果不需要窗帘了,它可以很快被改成衣服。然而“do”系列对个人产品又有了全新的阐释。使用者可以影响设计,并使设计本身变成了展示个性的舞台。

Do 加 1

为了使这把看上去已经报废的椅子能用，你必须往椅子腿里加点东西。而后它又变成了一把全新的椅子。仅仅依靠想和做。使用目录上是这样说的。

Do 再生

任何让人厌倦的或者说太熟悉了的家具都需要再生。使用者可以绕着旧灯或老油画塞入隐形线,再通上电线,让它吊在天花板上作为一盏令人激动的新灯具。

Do 刻

这盏灯不会发光,除非你对它做点什么。通过刻上个人的信息或者干脆涂鸦，一个充满个性魅力的光源就露出来了。

Dinie Besems,Thomas Widdershoven
链绳,do 连接
银,各种金属,塑料
长:13cm 每件
do + Droog 设计

Frank Tjepkema,Peter van der Jagt
花瓶,do 砸
瓷,橡胶,硅树脂
高:34cm 直径:15cm
do + Droog 设计

Jurgen Bey
长椅,do 加 2
层压板,镀铬钢
高:83cm 宽:110cm 深:45cm
do + Droog 设计

Marijn van der Poll
扶手椅,do 打
1.25mm 钢
高:75cm 宽:100cm 深:70cm
do + Droog 设计

Thomas Bernstrand
灯,do 摇摆
不锈钢,灯罩
do + Droog 设计

Marti Guixé
画框,do 设计
不干胶
宽:5cm 长:100cm
do + Droog 设计

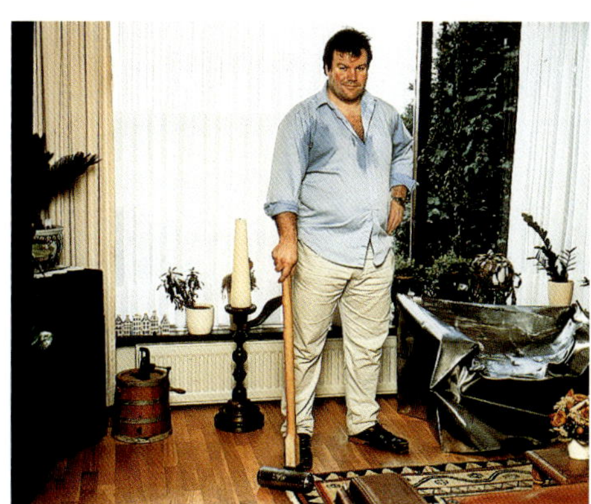

do 连接

这种 13 节链子的潜能是无尽的，为什么不设计珠宝饰物、水槽链或是拴狗链?

do 砸

即使是最激烈的争吵也不能破坏这种花瓶的美。不管你砸得多狠,尽管表面上显出裂痕,可花瓶还是会保持完整。这要感谢花品内部涂的强力胶。

do 加 2

仔细摆弄这个长椅，你才能发现它荒谬的功能。只有在对面的一边增加重量,这个设计才能平衡。什么都可以用上,一个值得信赖的朋友,一只阿尔萨斯狗,或是更大胆一些,放一点烫的或易碎的东西。

do 打

你可以和设计师联手设计这把扶手椅——拿起榔头和铁块把它敲成任何你想要的形状。

do 摇摆

起居室可以变成娱乐室或是健身房。你只要在天花板吊上这种有两个灯泡和灯罩的吊灯，你就可以在天花板上荡悠一天了。

do 设计

简单得很，一卷华丽的胶条改变任何一幅画。无论那幅画已经多么陈旧,都能变成引人入胜的艺术品。

灯　具

今年是超越光速的一年，普林斯顿大学 NEC 研究学院的王立军(音译)博士对两个空间的光作了一次脉冲试验，其中一次以 300 倍光速的速度运动。这次试验不但挑战了爱因斯坦的相对论，同时为我们打开了了解自然光及其规律的一扇大门。虽然这不是什么特别大不了的事，但还是引起了灯具设计界的一次变革。

在室内光的背景下，使用发光二极管 LED，这种方法已经开始敲开了市场的大门。在灯具工业界，商业性的使用 LED 目前还只是一个科学幻想。而 LED 在以前还只是用来作汽车尾灯，或电子产品的控制键用灯，LED 的飞速发展本身已经改变了我们对照明灯具的老观点。虽然现在 LED 灯还很昂贵，但是很多地方需要用 LED 提供照明，而且 LED 的温度低、聚光、低能耗、高寿命(15 年)等特点保证了 LED 的发展前景。LED 大小如针头，它必须有一个半导体混合物作底座。半导体可以直接将电转化为光。西门子已经成功地用 LED 为房间照明。红色、绿色、橘红色的 LED 早已研制成功，近日西门子又推出了蓝色版本，并且将这种“新”蓝光与已有的光混合得到了堪与传统灯媲美的效果。接着，他们又将 14000 个这样的 LED 组合在一起，装在房间顶上，作为参加因斯布鲁克 Tirol 建筑论坛的一个参展装置。另外需要补充的是，西门子已经研制成功了只有 1 毫米厚的高科技箔——O.L.E.D.(有机发光二极管)。西门子还研制了一种 16 平方厘米的面板，它不仅能够发出亮光，还能处理视频信号，这样西门子有一项墙纸计划，安在墙上的面板可变化发光的颜色，还能变成一个电视屏幕，这项计划自有了这种面板以后就将变成现实而不仅是科学幻想。

米歇尔·德·卢奇挑选了四件 LED 作品收入《年鉴》：Snowcrash 的 Globlow 灯饰、Zumtobel 的“Phaos”和“Ledos”、Ingo Maurer 的原创作品“Bellissima Bruta”。这里还有一些范例可供选择，不过我们希望在明年的《年鉴》里可以看到更多的 LED 优秀作品。

灯具的另外一个重要进步体现在办公照明中。新近通过的照明标准充分考虑了工作环境的安全性与舒适性。它规定，灯光强度不得超过每平方米 200 烛光，从垂直面算起，灯光射角要在 60 度以内。符合这一标准的作品中，被选中的有：Gecchelin 的“天空之光系列”，Hosoe 的 Onda、Arca 和 Vola，再有就是 Gismondi 的 Megan 系列。 德·卢奇还选出了许多光源既有直接光又有间接光的灯具，这样的设计既适合办公用也适合家用。这些设计中的佼佼者有 Tobias Grau、King、Miranda、Glaudio Bellini。

我们还欣喜地看到有一些灯具是由塑料瓶做的(“阿尔法”——制作人 Sigi Bussinger 和 Iwan Seiko)；有些灯具的原料是一次性塑料杯(Mo—billy 的“杯光”)；有的直接使用灯泡(“紧随你的祝福”—— 制作人 Ralph Ball)；还有一件使用塑料帽材料制作的灯具(Paolo Ulian 的“Palombella”)为 Out Design 的 Flow 系列作品做出了贡献。有些灯具巧妙地结合了形式与功能，比如 flapflap 好像是站在自己的电线上(“flapflap”设计者——Büro für from)，还有 Droog 公司的 Jaap van Aarkel 设计的墙纸灯、Dumoffice 的设计“Whoosh”。

灯光可以影响我们的情绪，灯具设计随着新技术的出现不断改进。每年都有更多的设计师参与了灯具设计。为我们提供了大量的选择余地。

Claudio Bellini
吊灯,ITI
玻璃,水晶
100W 磨砂卤素灯泡
高:100~200cm 直径:40cm
Artemide 意大利

Architettura Laboratorio
吊灯,土星
铝
55W 荧光灯
高:100~160cm 直径:58cm
Artemide 意大利

Artemide 已经生产了既适合家用,也适合办公的系列照明灯。Claudio Bellini 的玻璃吊灯 ITI 由两种散射灯光装置构成,外层为打磨水晶,内层为有色玻璃。通过一个操纵杆,灯泡可以移到散射装置内,以达到不同的灯光效果要求。Architettura Laboratorio 设计的吊灯"土星"也有一个类似的有色铝外壳,光源在灯罩内,光线被双倍柔化,这样一来,吊灯就如同 VDU 终端一样适合室内环境了。

Dumoffice
壁灯和吊灯,Surve
墙壁 /天花板 吊灯
艺术玻璃
荧光灯泡
长:75cm 宽:22cm
Belux 有限公司 瑞士

Dumoffice
吊灯,Whoosh
手工打磨玻璃
2×40W 灯泡
宽:38cm 长:20cm 深:7.5cm
Dumoffice 荷兰
原型

Dumoffice 成立于 1997 年,那时公司的三位创始人 Wiebe Boonstra、Martijn Hoogendijk 和 Marc van Nederpelt 从荷兰埃茵霍恩设计学院毕业刚满三年。他们的作品新奇、富于智慧、贴近日常生活用品。从有限生产的早期作品到现在的成功商业运作, Dumoffice 实现了重大突破, 公司的产品被 Belux 和 sdb 工业公司的 Hidden 大量生产。作品“Whoosh”的摆动灯光,和“Surve”的双灯管塑钢骨架,都例证了这种双灯管结构。前一个设计,是一种创造性行为,它好像是运动的物体突然静止。设计参考了一张毕加索举着火把画画的照片,另一方面,又保留了“创意的火花”(Robert Thiemann,《Frame》杂志),是一个高工程技术含量的工业设计作品。

Mauro Marzollo
照明设备 /挂灯,Volo
玻璃,金属
3×60W 灯泡
高:47cm 直径:38cm
Murano Due 意大利

Tobias Grau
吊灯,哦 中国
骨灰瓷
60W 卤素灯
高度可调,直径:9cm
Tobias Grau 德国

Tobias Grau
吊灯,X 计划
铝,PC 玻璃
高度可调,直径:40cm
Tobias Grau 德国

Tobias Grau 的"X 计划"是一种可调高度吊灯,双灯管包在一个外形简单的灯罩里。强烈而又不眩目的光透过乳色玻璃照射下来,同时,一道柔和的光自下而上穿过有色玻璃散射出来。这项计划的主设计师 /生产商再一次阐明了使用双灯管照明的用意,使灯光既适合工作又适合休闲。

Marco Carenini
吊灯，Lubia（三种不同的灯罩）
聚丙烯
高:23cm 直径:6cm
球形节能灯 21W
原型

Isao Hosoe
灯饰,Vola
酸化吹制玻璃,镀铬金属,聚碳酸酯
75W 卤素灯泡
高:7～10cm 长:24cm
意大利 Luxo 公司 意大利

Isao Hosoe,Peter Solomon
灯饰,Onda
铝,微孔金属片,聚碳酸酯
2×54W HFG5
高:1.6cm 宽:50cm 长:170cm
意大利 Luxo 公司 意大利

Makoto Kawamoto
灯饰,冰冻
聚碳酸酯,镀锌铝,PVC
40W e—14 灯泡
高:22.5cm 宽:21cm 深:21cm
Aliantedzione 意大利

Isao Hosoe,Peter Solomon
办公室用灯,Arca 室内吊灯
铝,ABS 塑料,聚丙烯,钢
2×55W 荧光灯
高:10～60cm 长:120cm
意大利 Luxo 公司 意大利

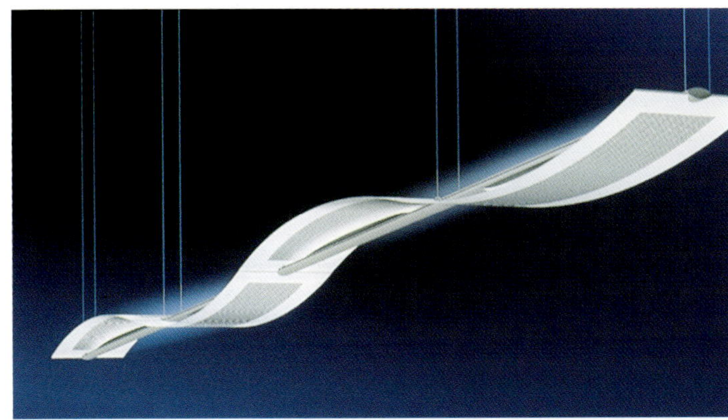

Sigi Bussinger 和 Iwan Seiko
照明设备，阿尔法
1000 只塑料瓶
150W 能量星
直径：180cm
一次性产品

Henrik Kjellberg 和 Mattias Lindqvist
垂饰灯，宜家家居 PS
镀铬钢，聚碳酸酯，聚丙烯
高：48cm 直径：35cm
宜家家居 瑞典

Ralph Ball
灯饰，非常轻的盒子
镀钢，各类灯
4×60W 灯泡
高：25cm 宽：25cm 长：32cm
Ligne Roset 法国

Ralph Ball
灯饰，金色美食
Metacrylate 模制碗，灯泡
60W 灯泡
高：20cm 直径：30cm
Ligne Roset 法国

Fabrice Berreux
灯具，瓦特柱
上漆金属底座，灯泡
9×25W 灯泡
高:190cm 直径:28cm 底座:30×30cm
dix heures dix 法国

Neil Austin
灯具，杯子灯
一次性杯子，铜线框架
直径:60cm
Mo—billy 英国
有限批量生产

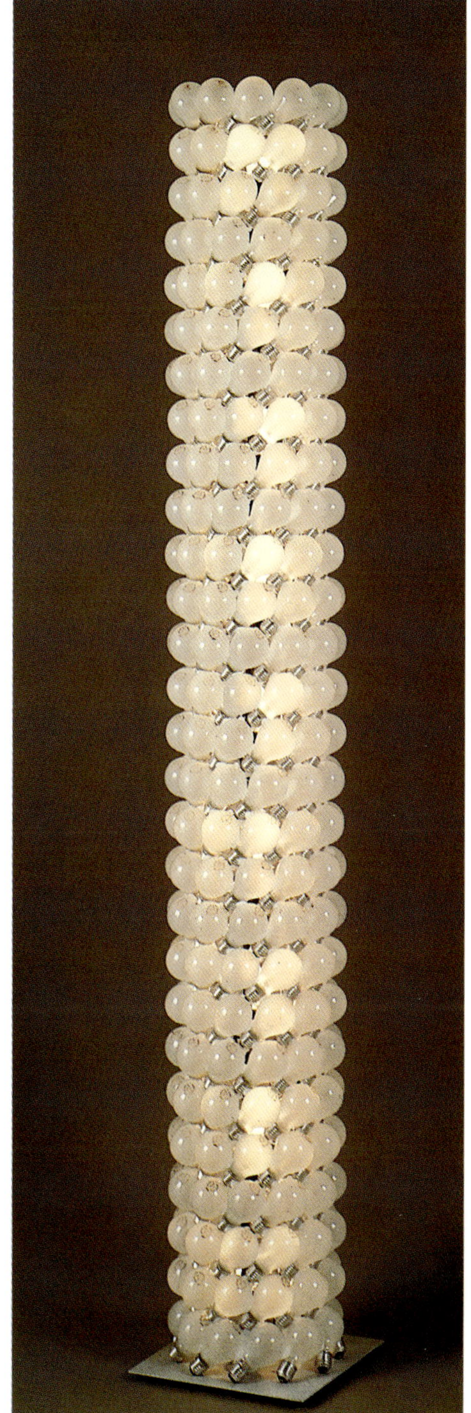

Ingo Maurer
灯,Bellissima Bruta
上漆电路板,LED,钢,40W 灯泡
高:50cm
Ingo Maurer 股份有限公司 德国

Knuth Eckhard 和 Ingo Maurer
全息摄影灯,Holonzki
玻璃、金属、不锈钢、35W 灯泡
高:18cm 宽:13cm
Ingo Maurer 股份有限公司 德国

Ingo Maurer
照明装置,Pierre ou Paul
铝,钢,金 /白金,300W 灯泡
直径:100 ~ 120cm
Ingo Maurer 股份有限公司 德国

Ingo Maurer
灯具,红丝带
铝
卤素灯泡
长:400cm
Ingo Maurer 股份有限公司 德国
一次性作品

Ingo Maurer
灯具,Yaki Mei
纸,钢,银,通风设备
长:700cm 直径:80cm
Ingo Maurer 股份有限公司 德国
一次性作品

Ingo Maurer 设计作品的美感让人难以忘怀,他的"鲜花的花瓶"和"Bellissima Bruta"运用最前沿的技术创造了诗意。红色与绿色的 LED 被结合在一起,再配上蓝色,创造出柔和的白光。

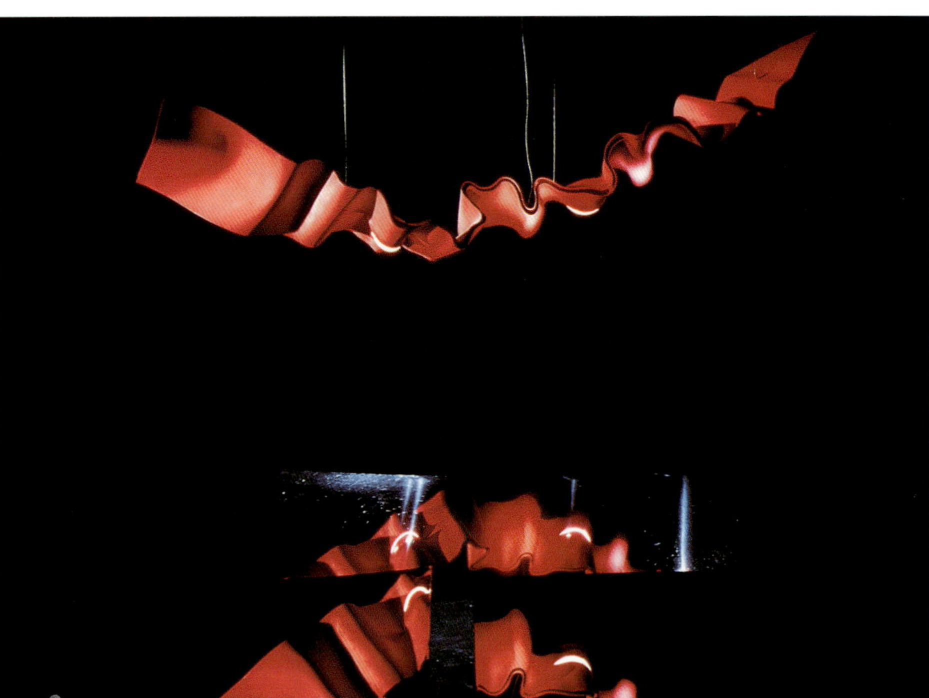

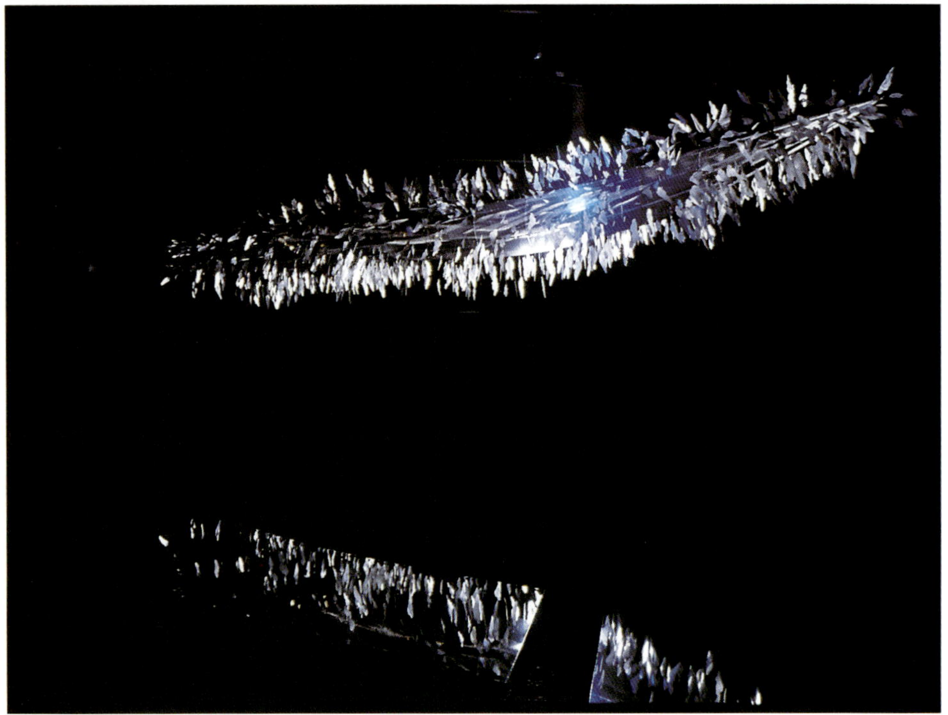

Ingo Maurer
灯，最大行动者
铝、玻璃纤维
最大 100W 灯泡
半径：150cm
Ingo Maurer 股份有限公司 德国

Matteo Thun
灯,Sphera T20
玻璃,木,铬合金
60W 灯泡
大号,高:61cm
小号,高:42cm
Leucos 意大利

Karim Rashid
吊灯,Kovac 灯
手工吹制玻璃,铬合金,镀钢
75W 灯泡
高:各种尺寸 宽:40.5cm
karim Rashid 工业设计公司 美国

Karim Rashid
台灯,Kovac 灯
人工吹制玻璃,铬合金,镀钢
75W 灯泡
高:45.7cm 宽:40.5cm
karim Rashid 工业设计公司 美国

Arik Levy
灯,可重绕灯
Snowcrash 瑞典

Vesa Hinkola、Markus Nevalainen、Rane Vaskivuori
灯、Globlow LED
铁,防破裂尼龙
Snowcrash 瑞典

Globlow LED 是在 Globlow 灯系列的原型基础上研制并为 Snowcrash 公司制造的。它的设计者 Vesa Hinkola、Markus Nevalainen 和 Rane Vaskivuori 想知道生活照明概念能否继续下去。原型灯在接通电源后会自动充气，他们运用 LED 和微处理技术最终发明了这款互动式灯。该灯可以使用遥控器控制，也可以用移动电话实现遥控，每位使用者将来也许可以从 Snowcrash 网站下载各种程序。

Marc Krusin
灯,铁丝网
聚碳酸酯,铝、电线
8×15W Osram Nitra 灯泡
高:120~180cm 直径:70cm
有限批量生产

Philippe Starck
装饰吊灯,Cicatrices des Lux 3、5 和 8
手工磨制水晶,磨光水晶片,导电凡立水
Flos 意大利

Cicatrices des Lux 3
3×最大 35W GY6. 35HS
高:80cm 水晶片:32×32cm

Cicatrices des Lux 5
5×最大 35W GY6. 35HS
高:80cm 水晶片:87×19cm

Cicatrices des Lux 8
8×最大 35W GY6. 35HS
高:120cm 水晶片:43.5×43.5cm /32×32cm /17×17cm

米兰的边缘灯具展为我们带来了一大批年轻设计师，他们当中的一些人是第一次参加展览会，他们的作品突出表现在线条简洁，没有太多浮华的装饰。此次展览的目标是创造一批设计作品，它们要依靠结构和材料给令人惊奇的新式灯具装配以生命。Marc Krusin 的铁丝网是室内装饰吊灯的一个变种。它将设计产品转化为一个全新概念。可实际上,它是由绝缘线和由玻璃圆盘架起的几只灯泡制成的。"生活的全部就是激情与受伤的延续。Cicatrices des Lux 精品集开始吸收超现实主义作品,水晶的和明亮的那种。"——Starck 这样解释为 Flos 公司设计的新产品。

Taco Langius
灯,Yuck 2
Gel,PVC
苯胺氖
高:4cm 宽:30cm 长:60cm
Codice 31 意大利
有限批量生产

Andrea Branzi
灯,Cactus
铜,不锈钢,吹制玻璃
60W 灯泡
高:50cm 深:32cm
米兰设计画廊 意大利

Marco Carenini
灯,Jim
酮醇
高:31cm 直径:21cm
球形 21W 节能灯
原型

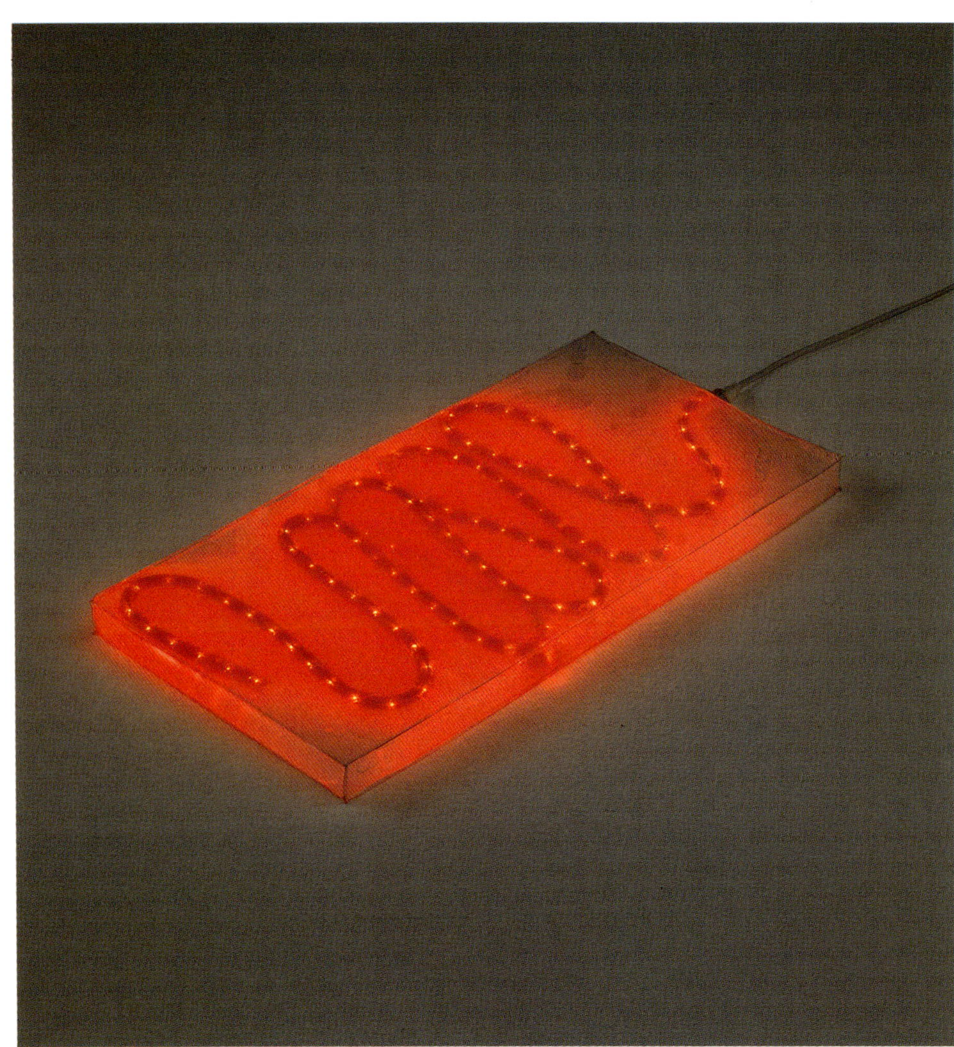

Valter Bahcivanji
灯,T Kiluz
钢,聚丙烯
60W 灯泡
高:25cm 直径:13cm
Agora e Moda 股份有限公司 巴西

Valter Bahcivanji
落地灯,两点
聚丙烯,不锈钢
40W 灯泡
高:180cm 深:28cm
Agora e Moda 股份有限公司 巴西

Sergio Brioschi
灯,Nomade
聚碳酸酯,ABS 塑料
50W /60W 荧光冷阴极灯
直径:9 /10cm,各种长度
Antonangeli Illuminazione 意大利

Jaap van Aarkel
灯,墙纸
高:42cm 宽:13cm 深:11cm
Droog 设计公司 荷兰
原型

Jaap van Aarkel 为 Droog 设计公司制作的墙纸壁灯,采用了加减的策略。墙纸的一部分被做成了灯罩,在灯背后的墙上流下了一片空白。

Büro für form
灯,啪啪
铁,塑料
25 ~ 40W 灯泡
高:50 ~ 80cm
Next Design 股份有限公司 德国

Bernard Brousse
灯,省略号
聚氨酯,工业聚酯
最大 20WE 27 荧光 E1
高:29.5cm 宽:48cm
Baleri 意大利有限公司 意大利

Toni Cordero
落地灯，Nuvola
微孔，标准镀铬
marquinia 黑大理石底座
最大 300W + 最大 54W 灯泡
高:220cm 长:35cm 深:30cm
oluce 意大利

Toni Cordero
壁灯，Nuvola
阳极电镀金属
最大 3×100W 灯泡
长:80cm 宽:50cm 深:18cm
oluce 意大利

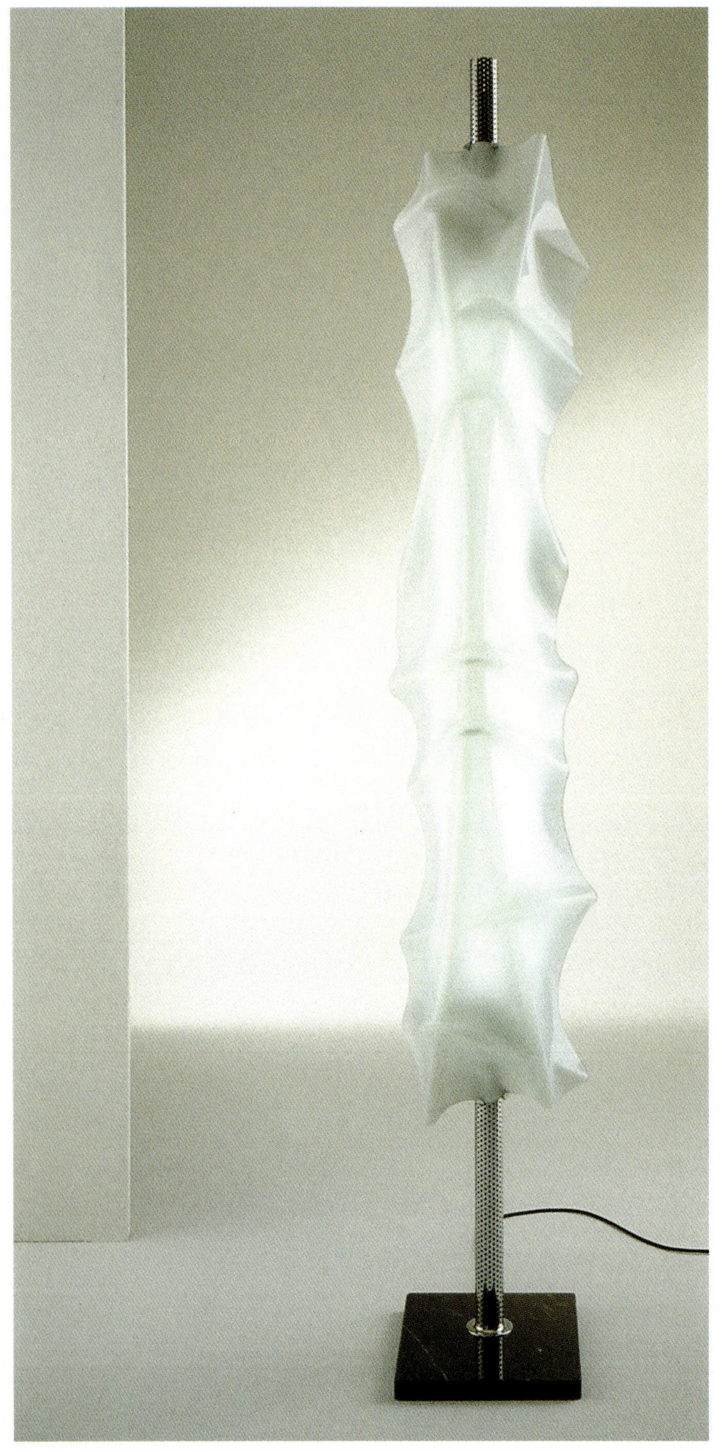

黑川勉
灯,流动系列
聚碳酸酯
台灯:高:43cm 宽:22.5cm
吊灯:高:21cm 宽:22.5cm
壁灯:高:32.5cm 宽:16.5cm 深21cm
Daiko 电子有限公司 日本

黑川勉同片山政道分道扬镳以后，又联合了已经解散的 H－设计的部分成员组成了今天的 Out Design 公司。他的流动系列引起了米歇尔·德·卢奇的强烈兴趣，德·卢奇非常欣赏这套系列作品诗歌般的品质。黑川有一次看到灯光在镜子之间的连续反射,这种美给了黑川灵感。他开始研究采用单一的发光体并利用光的折射这一创意。两层半镜面灯罩把光反射到墙上和屋顶上,从而创造了一个透明的空间,这样的体验比单一的灯强得多。

Paolo Ulian
台灯,Palombella
钢,硅橡胶
节能灯泡
高:50cm 宽:35cm 深:8cm
原型

Arik Levy
灯,炼金术
玻璃,金属
20W 卤素 bi—pin
高:18cm 直径:13cm
Tronconi 意大利

Fabrice Berreux
灯,Pise
四个灯罩,上漆金属底座
4×60W 灯泡
高:200cm 底座:48×32cm
dix heures dix 法国

Steven Holl
壁灯,Kiasma
铝
150W R75 卤素灯
宽:134cm 高:12cm 深:12cm
FontanaArte 意大利

Steven Holl
壁灯,三位一体
铝,玻璃
3×60W E14 灯泡
高:55cm 宽:43cm 深:6cm
FontanaArte 意大利

Maurizio Peregalli
落地灯,恒星立体之地
钢,聚碳酸酯
250W 灯泡
高:176cm 宽:22cm 长:22cm
Zeus 意大利

Jorge Garcia Garay
灯,Isis
丙烯酸树脂
60W 灯泡
高:16cm 宽:8cm 深:14cm
Garcia Garay SL 阿根廷

Jorge Garcia Garay
图书馆照明灯,Libra
60W 灯泡
高:16cm 宽:8cm 深:14cm
Garcia Garay SL 阿根廷

Kazuhiro Yamanaka
壁灯,一点月光
Alcobond
12V 卤素灯
高:120cm 宽:158cm 深:4mm
有限批量生产

Jorge Garcia Garay
壁灯,大使
铁,metacrylic
2×36W 荧光灯
高:13cm 长:132cm 深:11cm
Garcia Garay SL 阿根廷

Jahanna Grawunder
照明灯,F6(不规则精选)
铝
30W 荧光灯
高:18cm 宽:18cm 长:120cm
孟菲斯 意大利

Jan van Lierde
建筑照明灯，神秘
钢，压铸铝
Dulux L 1×18W 1×55W
宽:30cm 长:15cm
Kreon NV 比利时

Luc Vincent
照明设备，方月亮
铝，聚碳酸酯
4×18W TC—L 灯管
高:5.5cm 宽:24.2cm 长:68.1cm
模件灯具 比利时

Ernesto Gismondi
台灯,E—光
聚碳酸酯,尼龙,黄铜,铝
微光,3W 灯管
高:32.5cm 长:57.5cm
Artemide 有限公司 意大利

Ernesto Gismondi
壁灯,Megan 墙
铝,钢,聚碳酸酯
2×14~35W 荧光灯泡
长:58.3~148.3cm
Artemide 有限公司 意大利

Ernesto Gismondi
吊灯,Megan 悬吊
钢
2×28~45W 荧光灯泡
长:59cm
Artemide 有限公司 意大利

Ernesto Gismondi
落地灯,Megan 地板
铝,钢,聚碳酸酯
4×55W 荧光灯泡
高:185cm 宽:59cm 深:39cm
底座:48cm
Aremide 有限公司 意大利

Artemide 的创始人和现任经营主管 Ernesto Gismondi 设计的“e－光”台灯是属于低能耗类型的。微光技术使灯的耗电量降至最小。每当有人提醒你浪费电能很危险时,你会想到“e－光”,它总是给你可靠的感觉,因为那是源自意大利顶尖灯具生产商设计哲学的一部分。正如《1999 年国际设计年鉴》总编 Michael Horsham 写道的:“家庭室内照明在任何国家都不依赖国家输电线路。室内照明是一项工程,包括设计师、工程师、生产商在内都应当考虑运用节能灯泡。”米歇尔·德·卢奇承认使用节能灯目前还只是“星星之火”。他讲话中涉及未来的部分与环境污染问题和我们这个星球的可持续发展联系起来。“我想我们必须带着谨慎去做出一种努力,以争取一个乐观的结果,这已经不能再耽误了”(《Domus》杂志 1999 年 10 月)。

Bruno Gecchelin
照明系统，天空之光
薄钢板
28W /54W 荧光灯泡
高:4cm 宽:24cm 长:170cm
Iguzzini Illuminazione 意大利

Felice Dittli
吊灯，盒子
铝，玻璃
2×14W 荧光灯
高:20～25cm 宽:47～120cm 长:96.9cm
Regent 瑞士

Felice Dittli
吊灯，工具
铝
36 /58W 灯泡
高:3～7.6cm 宽:1.5～3.8cm 长:50.3～127.8cm
Regent 瑞士

对于 2000 年 Euroluce 来说最重大的事情莫过于大量的 “VDU－友好” 照明系统的出现。Bruno Gecchelin 的“天空之光”、Gismondi 的“Megan 系列”，还有 Isao Hosoe 的“槟榔”(见 93 页)无一例外地使用了遮光装置。办公室内炫目的光将被消除，这有助于保持适当的视觉舒适的工作环境。前面提到的“槟榔”系统就可以提供这样的室内环境。这项技术的优势在于综合了来自同一光源的间接光和可控直接光。

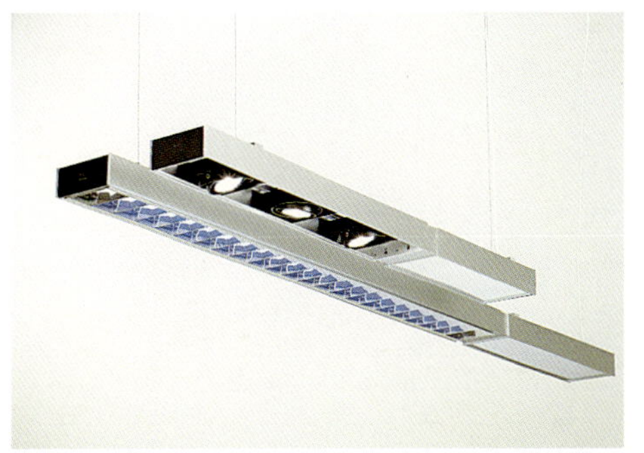

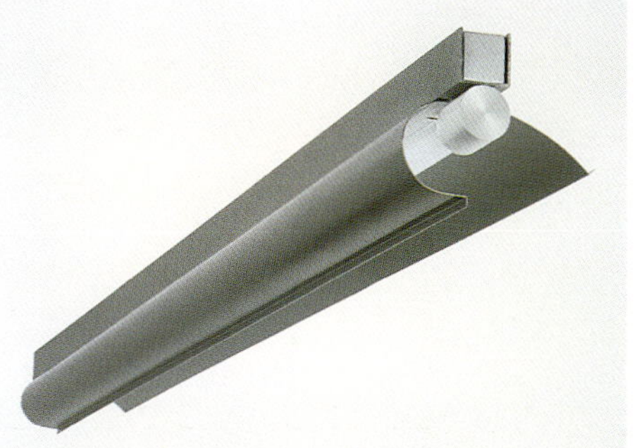

James Irvine
吊灯，漂浮矩形
铝，聚碳酸酯
39W 荧光灯泡
高:100～160cm 宽:103cm
Artemide 意大利

James Irvine
吊灯，漂浮的环状物
铝，聚碳酸酯
39W 荧光灯泡
高:100～160cm 宽:103cm
Artemide 意大利

Lievore、Altherr和Molina
吊灯，单足跳者 60～80
铝，玻璃
2×150/250W 卤素灯泡
高:210cm 宽:60～80cm
Metalarte 西班牙

Christophe Pillet
吊灯,轻松机械天空
着色金属,镀铬金属
150W 白炽灯,20W 荧光灯,250W 卤素灯
高:27.5cm,直径:55cm
Tronconi 意大利

成立于1956年的Tronconi在当时是一个传统的灯具生产商。直到20世纪70年代它才邀请设计师加盟并开始和他们合作。今天,Fabrizio Tronconi(生于1964年)成为了公司的领导。他开始与一群年轻设计师并肩工作，创造更简洁、实用的照明灯。他们的设计往往代表了形式与技术的全新要求。Christophe Pillet的“轻松机械天空”是一种发出散射光的吊灯。它的高度是可调的。调整通过一个穿透柔光屏的平衡物来完成。

Antonio Citterio 和 Oliver Low
灯，广场
压铸铝，棱镜玻璃
最大 300W R75 HDG 白炽灯泡
直径:56cm 深:11.5cm
Flos 意大利

Konstantin Grcic
吊灯，赫兹
铝，技术聚合体，聚碳酸酯
白炽灯泡
高:30cm 宽:35.5cm 长:35.5cm
Flos 意大利

Jasper Morrison
灯，"01"和"02"
铁，铝，聚碳酸酯
Flos 意大利

"01"
最大 100W E27 1AA 白炽灯泡
2×18W 2911 FSD 荧光灯泡
直径:38cm 深:10cm

"02"
最大 60W E14 IBP 白炽灯泡
13W G249 1FSQ 荧光灯泡
直径:30cm 深:7.3cm

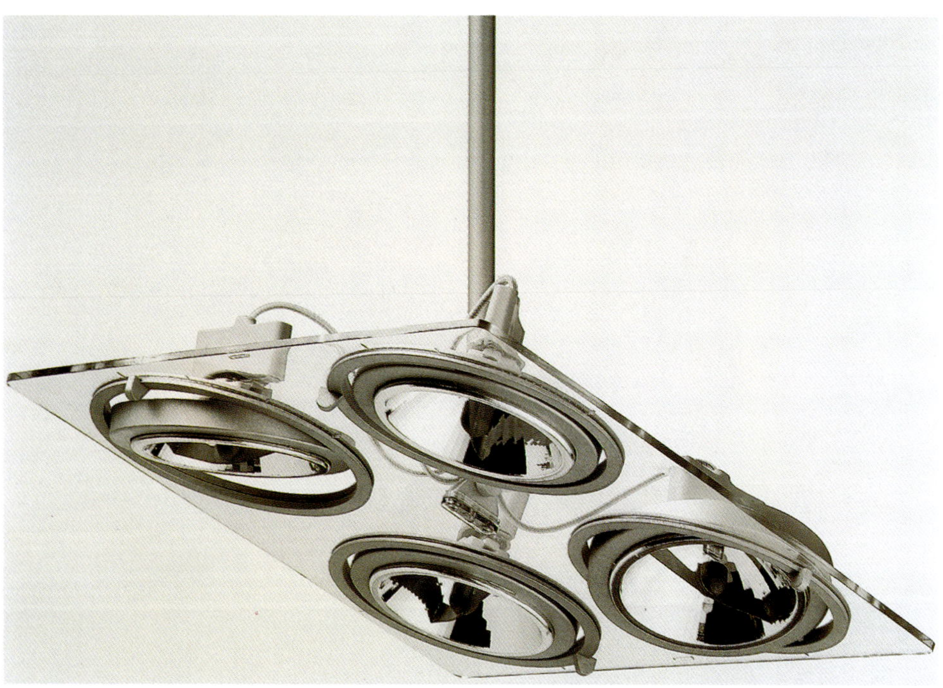

Asahara Sigeaki
照明灯,Karma IM
压铸铝
70W /150W 卤化灯泡
高:32cm 宽:33cm
Lucitalia 意大利

Asahara Sigeaki
灯, Lxul
压铸铝
最大 150W 白炽灯 /23W 荧光灯
高:25cm 宽:25cm 直径:17cm
Lucitalia 意大利

Ross Lovegrove
灯,Agaricon
聚碳酸酯加入透明丝绸效果处理
150W 灯泡
高:28cm 直径:40cm 底座:8.5cm
LucePlan 意大利

Dominique Perrault 和 Gaëlle Lauriot—prevost
落地灯, M.A.
钢,不锈网
300W R75 卤素灯泡
高:240cm
FontanaArte 意大利

Andrea Branzi
落地灯,Anfora
青铜,大理石,吹制玻璃
100W 卤素灯泡
高:250cm, 深:42cm
米兰设计画廊 意大利

Andrea Branzi
落地灯,Bottiglia
青铜,大理石,吹制玻璃
100W 卤素灯泡
高:245cm 深:42cm
米兰设计画廊 意大利

Roberto Lazzeroni
落地灯,高魂
白瓷,金属
150W 卤素灯泡
高 195cm 宽:36cm 深 24cm
Luminara 意大利

Alfredo Häberli
落地灯,Carrara
聚酯树脂
荧光灯泡 /金属卤化灯泡
Luceplan 意大利

大号
高:210cm 直径:20cm
小号
高:180cm 直径:20cm

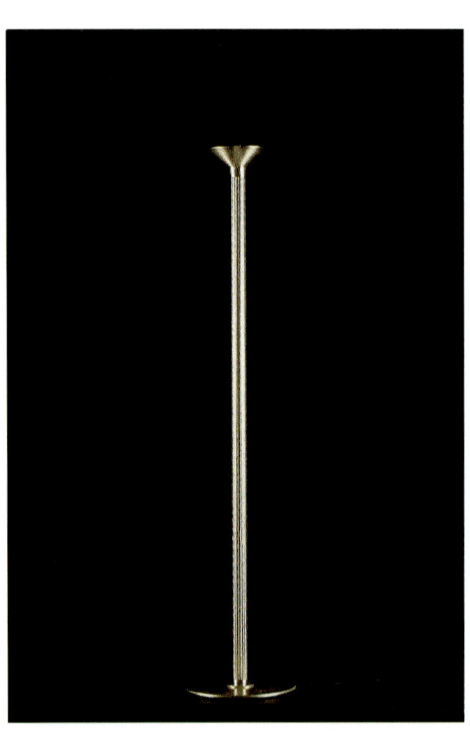

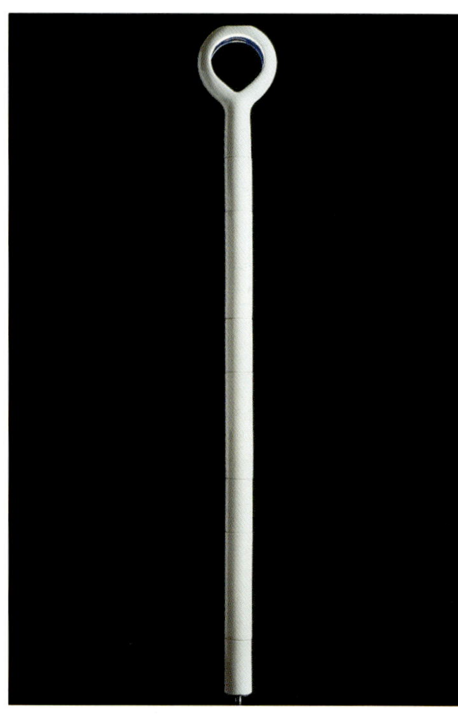

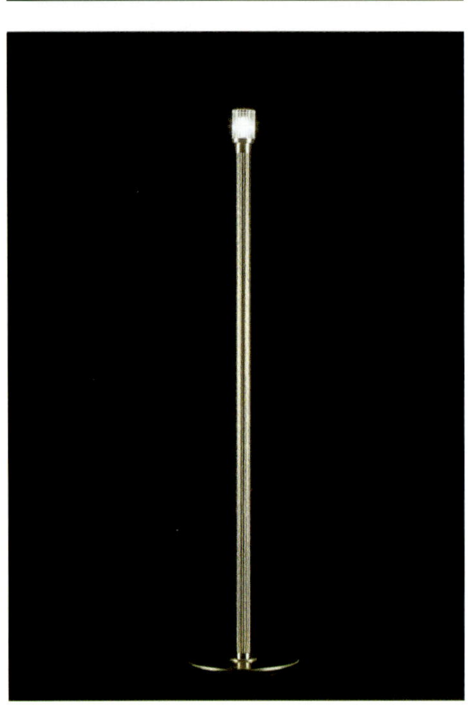

Matthias Bader
落地灯,Matteo
马特铝
12W 灯泡
高:150~200cm 深:25cm
意大利 Pallucco 有限公司 意大利
原型

Marco Carenini
灯,帽子
铝
球形节能 21W 灯泡
高:160cm
原型

King Miranda Associati
阅读照明二合一,戴奥真尼斯
铝
50W /150W 卤素灯泡
高:176.6cm
Belux 有限公司 意大利

戴奥真尼斯是 King Miranda 协会的一个新颖的创意。它是一盏集普通照明与阅读功能合二为一的灯具。它在普通照明的情况下使用性能优异的卤素灯泡。同时,该产品在灯体内还带一个供阅读用的防炫目 50W 低压卤素灯泡。两个光源可以分别独立控制。

Tobias Grau 设计公司
台灯，Bill
铝
50W 卤素灯泡
高:52cm 长:69cm
Tobias Grau 德国

Tobias Grau 设计公司
台灯，快速
聚碳酸酯
50W 卤素灯泡
高:52cm 长:67cm
Tobias Grau 德国

Andreas Ostwald 和 Klaus Nolting
落地灯，Minyas
镀铬钢管，乳白玻璃
高:158cm 宽:97cm 直径:24cm
ClassiCon 德国

Joan Gaspar Ruiz
工作灯，Atila
铝，聚碳酸酯
100W 白炽灯，13W 荧光灯
高:90.5cm
Marset Iluminacion 西班牙

Yaacov Kaufman
台灯和落地灯，Naomi
铝，铁
60W 白炽灯 / 75W 卤素灯泡
高:141cm(大号)
意大利 Lumina 公司 意大利

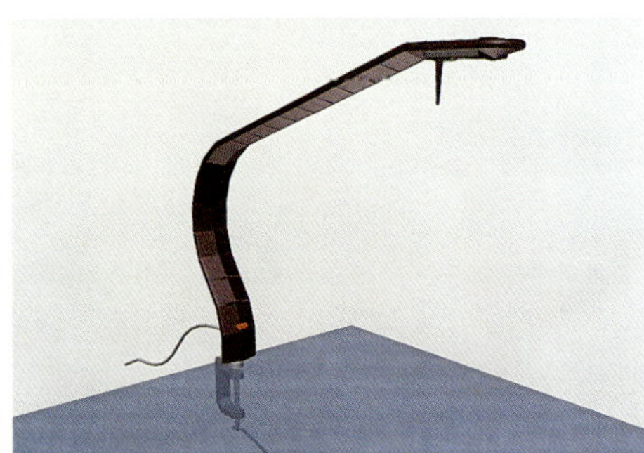

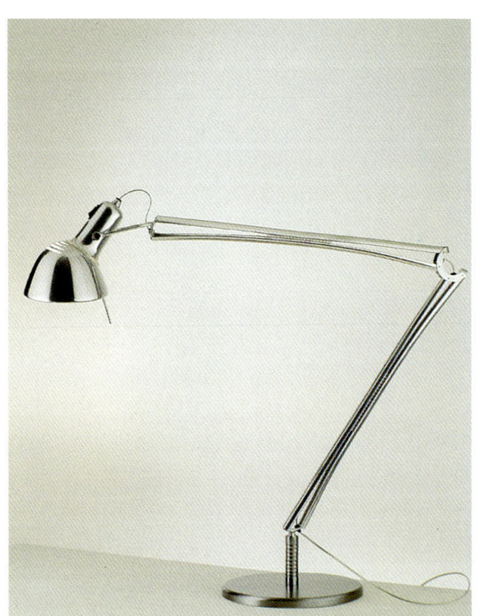

Zumtobel
壁灯和落地灯，避风港
不锈钢，马特玻璃
24V
长:10cm 宽:10cm 深:4cm
Zumtobel Staff 有限公司 奥地利

Zumtobel
聚光灯，Phaos
压铸铝
64SMD—LEDs
长:20cm 宽:20cm 深:3cm
Zumtobel Staff 有限公司 奥地利

Zumtobel
吸顶灯，动感光域
金属，玻璃
荧光灯泡
长:37～46cm 宽:37～64.75cm
Zumtobel Staff 有限公司 奥地利

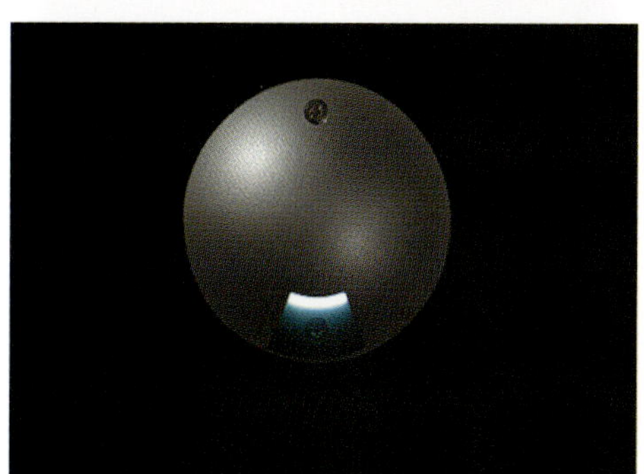

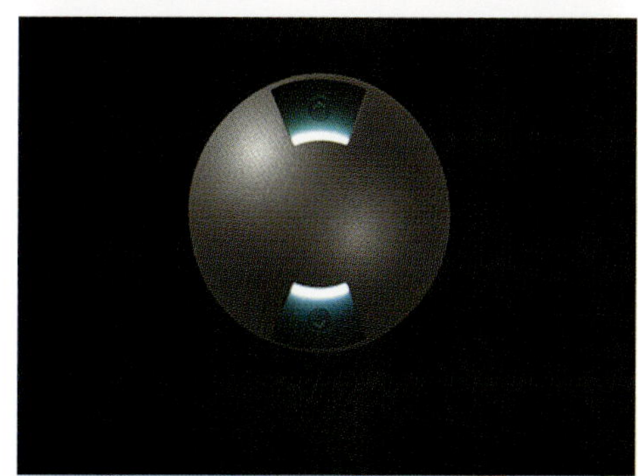

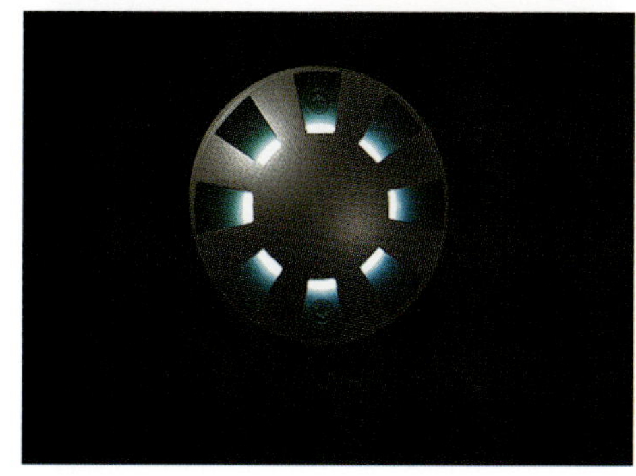

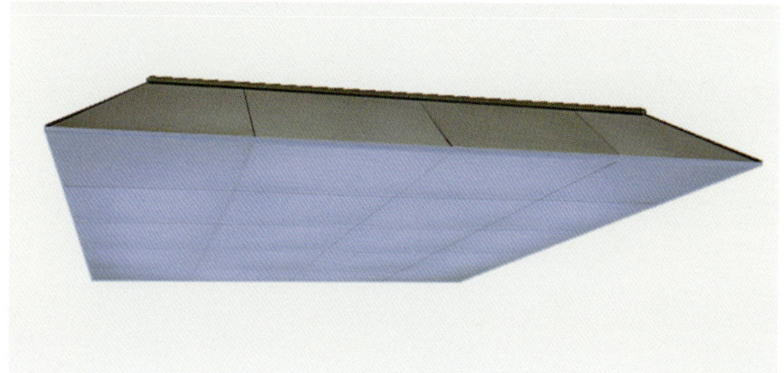

餐 具

有一点值得注意，那就是《国际设计年鉴》精选的餐具样品在这一年里有多少变化。在这里，个人的品位显而易见地引导着餐具样式侧重点的改变，有时强调装饰，有时是外表朴素但功能性很强的斯堪的纳维亚风格。不论怎样，最终，一个玻璃杯终究是一个玻璃杯，一只叉子也总归是一只叉子。1990 年和 1991 年《设计年鉴》的外约编辑 Mario Bellini 评论说："任何一项和人的身体密不可分的或与社会礼仪紧密相关的设计，都必然同我们以前所见到的相似。"即便我们的生活风格随时间而改变。麻省理工学院的研究指出：在 20 世纪 50 年代，一般家庭平均每天要花 1 个小时坐在餐桌周围吃晚餐，而今天这只需要大约 16 分钟，可这好像并没有改变刀叉的外形风格。

与其他的设计类别相比较，餐具和手工艺活动一直联系得非常紧密。为此，餐具受艺术的影响比一般的设计更深。在这样的影响下，功能和内容几乎是相同的，并且餐具在技术上很少会有新发展。产品的外表质量给了它们生命，也使它们区别于其他同类产品。

一件餐具的成熟往往要经过多年的传统积累，它在样式上有所发展也仅仅因为这种样式很出色。 红葡萄酒杯和白兰地酒瓶之所以总是那种形状，原因在于采用这种形状最能让酒或液体发挥最佳状态。Jean Nouvel 曾经写道，没有什么能比看见有人尝试去改变葡萄酒杯的设计更能让我感到荣幸了……去迎合更新潮、更时尚的风格……因为商业、市场或经济方面的原因而去改变，是对内容的冲淡，是对设计的亵渎。（摘自《1995 年设计年鉴》——前言）

米歇尔·德·卢奇对一个花瓶设计所倾注的精力并不比一件家具或一个电子产品少（刊登在《Domus》819 期上）。在 1999 年 10 月，当米歇尔·德·卢奇得知他的作品被选入《年鉴》的餐具章时，他表示："我觉得保持事物的混合平衡是非常重要的。因为在这样的情况下，我的头脑就可以保持同样积极的态度去为鲜花设计花瓶或是一件多用途办公机器"。

德·卢奇 既喜欢传统的产品比如 Arnolfo di Cambio 系列，也欣赏精制的人工吹制作品，比如 Aldo Cibic 的一些玻璃器具。在他的作品中也经常出现实验性的材料。Oz 设计的 Lovenet 中心装饰物使用了被环氧树脂硬化的人造纤维，同时，这种稻草碗的设计是向 Kristiina Lassus 风格的有趣靠拢。Massimo Lunardon 的宴会杯和 Thomas Rosenthal 的野餐套件"途中小憩"代表了革命性和实用性的设计。意识到手工艺对餐具的重要性，德·卢奇试图体现出 Satyendra Pakhalé 印地安传统的失蜡技术和 Emmanuel Babled 设计的一次性手工吹制 Murano 玻璃器皿。 然而，轰动米兰，并在《年鉴》餐具系列中脱颖而出的设计却是 Ron Arad 的"非手工制造和非中国制造"。这一设计代表了餐具章惟一的技术突破。实际上 Arad 和他的小组已经在一个容器中"培养"出一系列餐具和泛光灯。

餐具的未来很可能像平常一样只是对过去的延续，当然那几种时尚的设计和一些采用新材料的产品除外。不管怎么说，在智能餐具的地平线上有一颗闪亮的明星。麻省理工学院传媒实验室的"智能计算器计划"正致力于研究家庭科技，并已经专利引进了一种能计算卡路里的盘子。

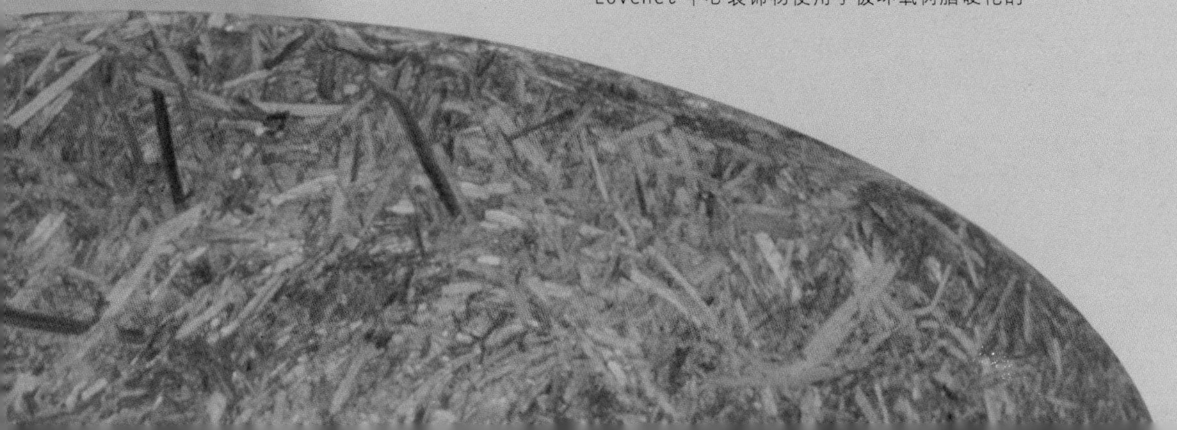

Jean—Marie Massaud
胡椒小手磨,Pepe
聚丙烯,陶瓷
高:17.5cm 直径:7.5cm
Authentics 德国

Marc Newson
盐、胡椒手磨,双子星座
榉木
高:12.5cm 直径:8.5cm
Alessi 有限公司 意大利

Ka—chi Lo
牙签盒,质量极限
陶瓷
高:9cm 宽:8cm 深:3cm
原型

Sebastian Bergne
餐具,斜面
不锈钢
Driade 意大利

Paola Navone
长柄汤勺和分菜勺,Paloma
不锈钢
高:33.6cm 高:22.7cm
Driade 意大利

Borek Sipek
餐具,赫柏
不锈钢,塑料
Arzenal 捷克

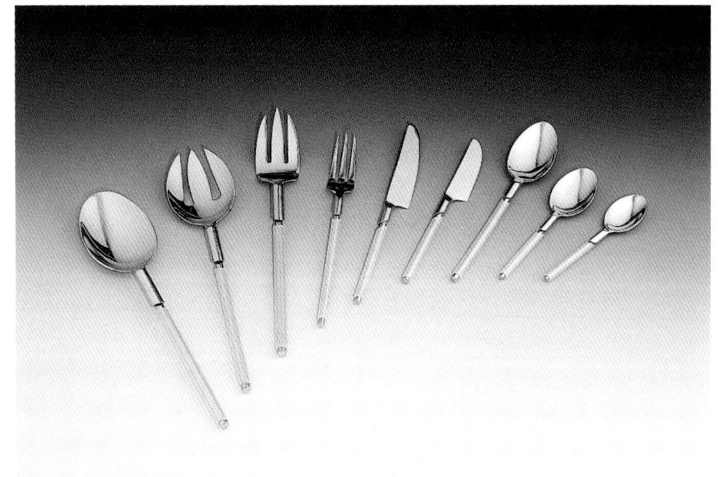

Claus Jensen
勺子和抹刀，Eva Solo
铝和塑料
高:30cm 直径:9cm
丹麦 Eva A/S 丹麦

Enzo Mari
碗,Campanella
水晶钡
各种尺寸
Arnolfi di Cambio 意大利

Marta Laudani,Marco Romanelli
餐具,地中海
Gres
各种尺寸
Driade 有限公司 意大利

Gijs Bakker
托盘,平衡
钢
高:3cm 直径:41cm
Meccano 荷兰

Bastiaan Arler
托盘,电视
高:3.5cm 长:40cm 宽:30cm
Britefuture 意大利
有限批量生产

Britefuture 是意大利一家新兴的公司。它的哲学是:"设计小件物品并使设计商品化，使用初级工业技术，更新家庭产品的设计方法。"他们设计的"电视盘子 /托盘"对那些终日懒散的人来说，是一种滑稽但很实用的设计。

Thomas Rosenthal

野餐套件,途中小憩

各种塑料

高:35cm 长:36cm

Rosenthal 有限公司 德国

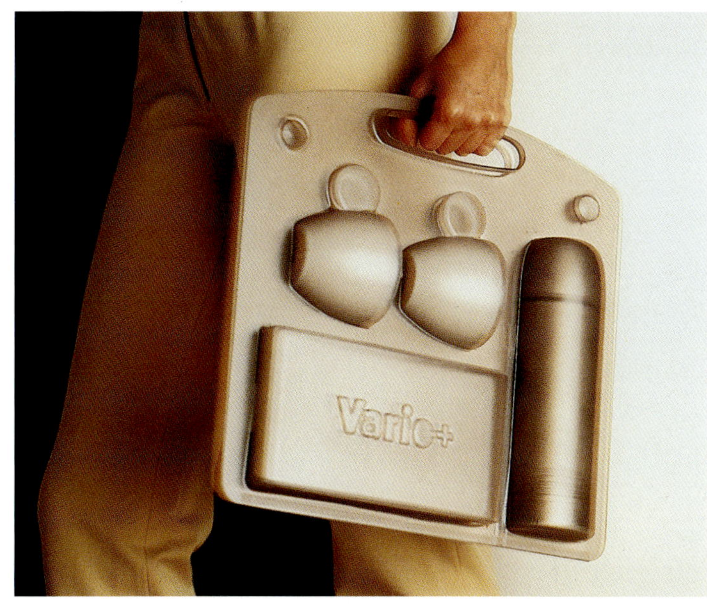

Ely Rozenberg
中心装饰品,Tamnun
钢,拉锁
深:7cm 直径:58.5cm
OZ,意大利
有限批量生产

Ole Palsby
篮子,概念
不锈钢丝
WMF 德国

Alessandro Bianchini
中心装饰物/容器，Lovenet
人造纤维，环氧树脂
高:48cm 宽:65cm 长:57cm
Oz 意大利
有限批量生产

这与其说是件餐具，不如说是件艺术品，Alessandro Bianchini 设计的容器吊在天花板上看起来像一个巨大的蜂窝。它的每一个组件都是惟一的。在纤维材料上，它采用了柔韧的铜心。设计师把它纺编而成一系列随机的图案，随后，它就被环氧树脂固化，产品也就最终定形了。

Andrea Branzi
水果篮,Solferino
不锈钢
高:23cm 直径:23cm
Alessi 有限公司 意大利

Kristiina Lassus
中心装饰物,草碗
稻草
大号:高:13.5cm 直径:30cm
小号:高:10cm 直径:22cm
Alessi 有限公司 意大利

Andrea Branzi
小花瓶,起源的传说
瓷
高:18cm 直径:5cm
Alessi SpA 意大利
有限批量生产

01921
01917

Barbora Skorpilova 和 Jan Nedved
花瓶,Malá zubatá
硬铝合金
高:30cm 宽:9.5cm 深:9.5cm
Giga 捷克
有限批量生产

Barbora Skorpilova 和 Jan Nedved
花瓶,Rastr
硬铝合金
高:30cm 宽:9.5cm 深:9.5cm
Giga 捷克
有限批量生产

Henryk Lula
花瓶
陶瓦
高:32cm 直径:46cm
有限批量生产

Lemongras
碗
带状尼龙绳
直径:20~50cm
Lemongras Products 德国

Ron Arad
花瓶 /灯，非手工制造，非中国制造
聚酰胺
高:5～34cm 直径:13cm
有限批量生产

名叫“非手工制造，非中国制造”的花瓶 /灯把结构设计推向了极致。Ron Arad 不仅仅只是给这一系列花瓶和照明灯以自然的外形，而是将它们培养在人工胎里逐渐地成长。这几件作品就不再做模、排列、组装或打磨了，因为 Arad 与 Geoff Crowther、Yuki Tano 以及 Elliott Howes 一起已经闯出了一条“生长”设计的路来，产品被放在桶里使用电脑控制的激光束来操作。

一个设计品的三维模型首先在电脑里形成，它都是那么地生动、鲜活，它将保留到成品做出来之后。随后模型被送到机器里，由机器将模型切为成千上万个水平的薄片。一个平台随着薄片的厚度一次一层地降下来。在每一个停留的位置上，装载着平台的容器会被预先选好的材料装满，或是粉末，或是树脂，但不会是两种同时装。这时一束激光会穿过新的一层材料，新的一片就造出来了，并且与前面各片相连接。在这数小时的时间里(有时也许是数天)，整个过程才宣告结束。产品从它的培养器中被取出，开始了它的新生。

Ron Arad 和他的同事们跨越了那道隔开电脑设计模型与现实之间的鸿沟。然而随着技术的日益进步，他们也意识到，他们在这一领域里的工作仍旧处在初级阶段。

Marc Boase
碗,面碗
瓷
高:10cm 直径:20cm
Maplestead 陶瓷服务公司 英国

Marc Boase
碗,蘸碗
瓷
高:10cm 直径:20cm
Maplestead 陶瓷服务公司 英国

Borek Sipek
盘子,弗娜
瓷
直径:26cm、24cm、19cm、16cm
Arzenal 捷克

Marco Susani 和 Mario Trimarchi
白錯作品,Metallia
白錯
平均高度:15cm
Serafino Zani 股份有限公司 意大利

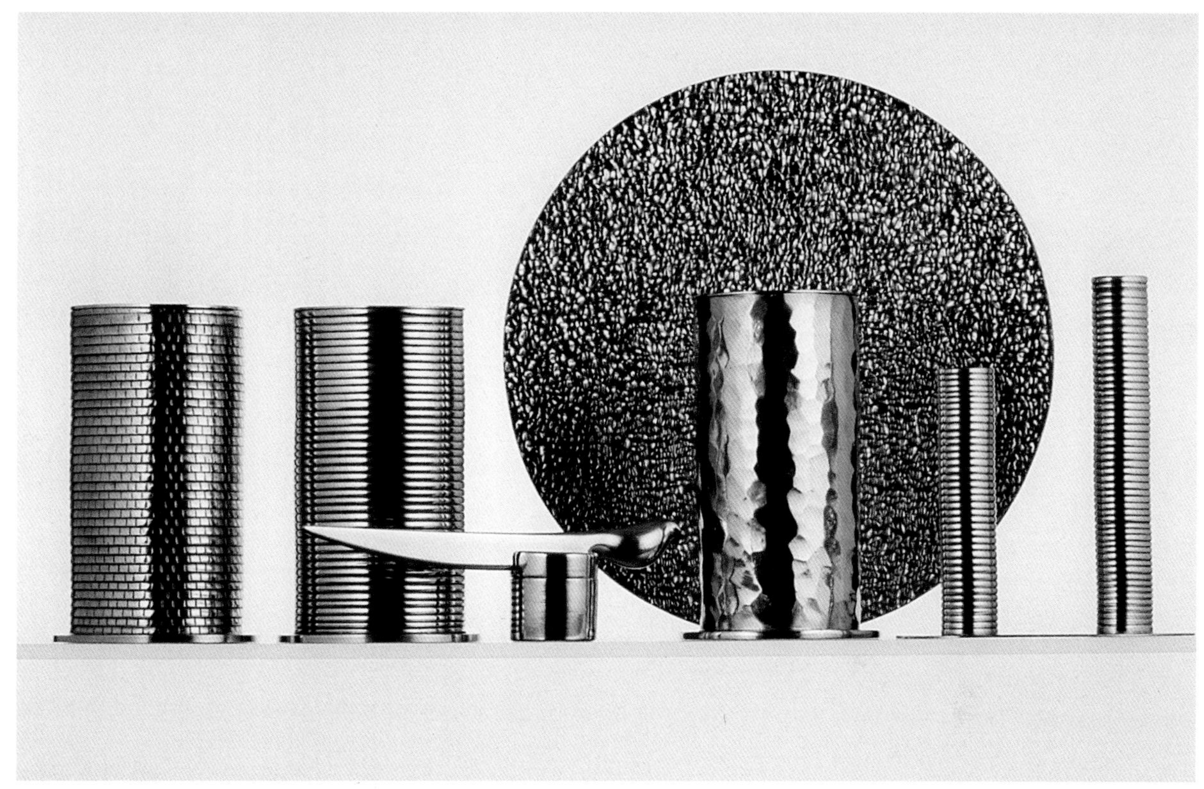

Monica Guggisberg 和 Philip Baldwin
玻璃器具，Fili d'Arianna
吹制玻璃
大号：高：39cm 直径：19cm
小号：高：21cm 直径：28cm
Venini 意大利
有限批量生产

Nucleo
蜡烛，Cerapura
石蜡
高：41cm 直径：21cm
Nucleo 环球设计工厂 意大利

最近的一两年里，我们已经见到了数不清的关于以蜡烛代替蜡烛台的创意。在2000年Droog设计公司在Tim Breumelhof(没有举例)的"石蜡餐桌"计划中为这一创意赋予了新的生命，烛台随着使用而挥发。Nucleo环球设计工厂还通过向蜡中加入颜色和其他材料，把蜡烛的造型做成花瓶状，成功的改造了这一创意。同时，他们还孕育了一项新的设计——Cerapura。它似乎有着特殊的诱人魅力，点点烛光把简单的蜡烛变成了装饰物。

Ronan Bouroullec
蜡烛,Candle Syst
石蜡
高:45cm 宽:25cm 长:35cm
Backstage 法国

Jacob de Baan
蜡烛灯,Luccichio
铝
高:22.5cm 直径:20cm
D4 工业设计公司 荷兰

Takashi Ifuji
蜡烛灯,Aqmara
陶瓷
高:13cm 宽:18cm 深:27.5cm
原型

Takashi Ifuji 用这款 Aqmara 烛灯创造出了诗情画意。随着蜡烛的燃烧,墙上反射出的月牙逐渐变成满月。

"Luccichio"是 Jacob de Baan 非电子产品系列中的一款设计。他采用了光源的最初形式——火苗,来作光源。在光源周围 Jacob de Baan 使用了现代反光镜技术。Luccichio 实际上是一个蜡烛台,或者说是一个便携式的灯。它可以像火炬一样拿在手里,挂在墙上或是夹在任何一个平面上。

Massimo Lunardon
花瓶，Tulipano
硼硅酸盐玻璃
高:40cm 直径:15cm
Massimo Lunardon & Co 意大利

Massimo Lunardon
玻璃杯，宴会酒杯
硼硅酸盐玻璃
高:18cm 直径:5.5cm
Massimo Lunardon & Co 意大利

Massimo Lunardon 已经解决了两个烦人的宴会问题：一手拿杯子，另一只手拿一盘食物，美食近在咫尺却不能享用。还有更糟的，你很有可能只顾吃东西而丢了杯子。把杯子挂在脖子上，并重新设计杯子的形状，Massimo Lunardon 同时创造了一件珍宝和一个新款酒杯。这样的设计很有必要，它还能使你免受过多的礼节性拥抱的困扰。

Enzo Mari
高脚杯,Campanella
钡水晶
Arnolfo di Cambio 意大利
有限批量生产

Enzo Mari
碗,Campanella
钡水晶
Arnolfo di Cambio 意大利
有限批量生产

Enzo Mari
高脚杯,Stromboli
钡水晶
Arnolfo di Cambio 意大利
有限批量生产

Enzo Mari
水罐,Brocca
钡水晶
高:22cm 直径:6.6cm
Arnolfo di Cambio 意大利
有限批量生产

Arnolfo di Cambio 下属的铅－水晶生产公司成立于 1963 年。它的设计理念是将先进的工业概念与传统手工业工艺融合在一起。而这两者的结合，意味着公司已经成为了工业界的先导，同时也意味着公司将会和设计界巨头合作。我们选出了“Clearline”精选第二版中的一些作品并登在本书中。它们代表了新的艺术方向，公司也指望这些设计能在未来几年里独占鳌头。这些创意来自与《Domus》杂志的编辑 François Burkhardt 教授的合作。François Burkhardt 想制造一套玻璃器皿，“其设计基本要素要同严格的美学享受结合起来，在极简主义的前提下还不能丢掉自我，我个人认为这在餐具艺术中是不合适的”。

Borek Sipek
红葡萄酒杯与白葡萄酒杯,风铃草,木兰花
Calium 水晶
红葡萄,高:29cm 直径:8cm
白葡萄,高:31cm 直径:7cm
Arzenal 捷克

Boda Horak
玻璃,Stela
铜,水晶
高:22cm 直径:10cm
Anthologie Quartett 德国
有限批量生产

Boda Horak
玻璃,Tekla
铜,水晶
高:22cm 直径:10cm
Byra interior Objects 德国
有限批量生产

Aldo Cibic
圣餐杯
玻璃
高::27cm、22.5cm、21cm、20cm
Cibic & Partners 意大利

Aldo Cibic
蜡烛台
玻璃
大号:高:40.5cm
中号:高:34.5cm
小号:高:27.5cm
Cibic & Partners 意大利

Aldo Cibic
水罐
玻璃
高:34.5cm
Cibic & Partners 意大利

Aldo Cibic
瓶子
玻璃
高:42cm
Cibic & Partners 意大利

Christian Ghion
花瓶,里外倒置
人工吹制玻璃
高:40cm 直径:30cm
XO 法国

Vanessa Mitrani
花瓶,La Mome Catch—catch
玻璃,金属
高:27cm 直径:25cm
Ligne Roset 法国

Vanessa Mitrani
花瓶,Lola Molotov
玻璃,金属
高:24cm 直径:14cm
Ligne Roset 法国

Karim Rashid
玻璃水瓶,水滴
玻璃
高:26cm
直径:18cm
Leonardo,德国

Karim Rashid
玻璃水瓶,Spoo
玻璃
高:25cm
直径:14.5cm
Leonardo,德国

Karim Rashid
玻璃水瓶,潜水
高:31cm
直径:13cm
Leonardo,德国

Karim Rashid
碗,跟头
玻璃
高:25cm
直径:15cm
Leonardo,德国

Karim Rashid
碗,Loop low
玻璃
高:20cm
直径:29cm
Leonardo,德国

Karim Rashid
碗,Loop high
高:25cm
直径:23.5cm
Leonardo,德国

自从4500年前人类发现了混合盐(钠)、骨头(钙)和沙子(硅)可以制造玻璃这样一个公式以来,玻璃就成为了古今艺术家、设计师灵感的源泉。它是一种绝缘体,本身具有可塑性,且透明,虽然看起来重量很轻,但实际上很有分量,一点不亚于波特兰巨石。玻璃有着自己的生命力,在一些艺术家眼里,它本身就是设计目标。Christian Ghion、Karim Rashid、Vanessa Mitrani 和 Danny Lane 在今年都有重要作品问世。Lane 的新作既新颖又具震撼力,它甚至对玻璃材料产生了一种奇异的影响,因为作品平均每立方米大约重2570公斤,然而它看上去却并不臃肿。设计师发明了一种能达到光的最佳折射效果的技术。他使用一种新型低铁玻璃,使作品的质量得到了加强。Lane 说道:“这意味着现在我可以制作大型的立体作品了,运用了新技术的作品其棱镜效果更强了。”

Karim Rashid 认为玻璃必将成为当今世界上最美的自然材料。他的 Leonardo 系列作品中的着色部分有着优美的线条和轻盈的体态,通过作品柔和的线条、坚硬的质地、人体工程学的结构、感性的外形和样式,强调了对美和材料的需求。

Emmanuel Babled
玻璃器皿,Primaire N°IX
平均直径:45cm
Covo 股份有限公司 意大利
有限批量生产

Emmanuel Babled
玻璃器皿,Edizioni
人工吹制玻璃
高:19~40cm 直径:50cm
Covo 股份有限公司 意大利
有限批量生产

Danny Lane
碗,螃蟹碗
空中烧制的玻璃
高:18cm 长:72cm 深:40cm
一次性作品

也许 Emmanuel Babled 十分关注玻璃的性格、诗意和神秘感。他的手工吹制的花瓶都是在意大利 Murano 一位专门制作 Babled 设计作品的手工艺技工那里制造的。然而，他认为正是玻璃本身决定了一件作品的结果。无论工艺技工还是设计师都是材料的仆人，他们只听命于材料的意志。作品的最终形态有相当大的一部分并不在意料之中，这是人们的愿望在制作瞬间的一种伸缩。他认为这是同玻璃打交道的最有趣的时刻。改变往往发生在出炉的最后时刻，这时候玻璃还是柔软的；在接下来的一小会儿里，它会结晶，然后就永远地变得生脆、易碎。在他的设计里，他会利用所抓住的“情感片断”。他坚信，这样不仅会给作品创造一个新颖、现代的形态，还会给它以个人的色彩。他从不追求风格或潮流，但是他在制造的每一件花瓶中表达出了不同的感觉。

Ettore Sottsas
中心装饰物,Namus
含铅水晶,黑色大理石
高:18.9cm 直径:21cm
Arnolfo di Cambio Comp.Italiana del Cristallo股份有限公司 意大利
有限批量生产

Ettore Sottsass
花瓶,Manaus
含铅水晶
高:34.8cm 直径:13cm
Arnolfo di Cambio Comp.Italiana del Cristallo股份有限公司 意大利
有限批量制造

Oscar Tusquets Blanca
Hors d'oeuvre盘子托,Tableta
含铅水晶
高:3.4cm 宽:29.8cm 长:29.8cm
Arnolfo di Cambio Comp.Italiana del Cristallo股份有限公司 意大利
有限批量制造

Oscar Tusquets Blanca
蜡烛台与插花架二合一
含铅水晶
高:34cm 宽:28cm
Arnolfo di Cambio Comp.Italiana del Cristallo股份有限公司 意大利
有限批量制造

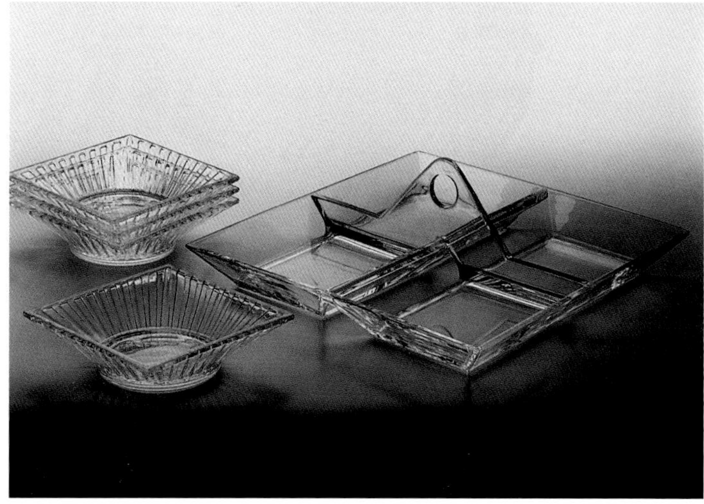

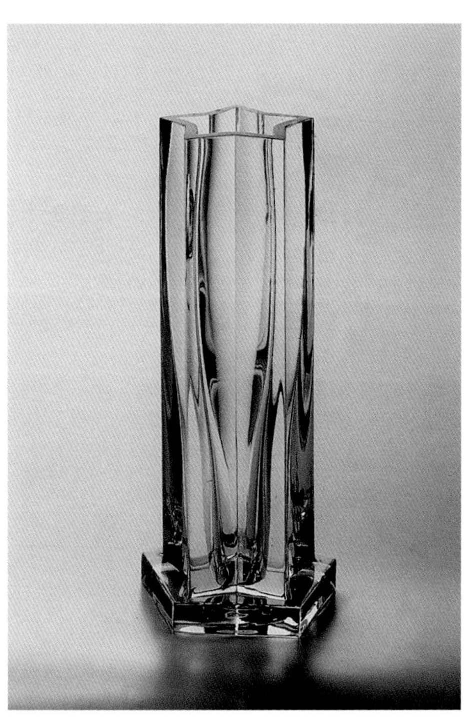

Paolo Zani
花瓶,Sumo
耐热玻璃和手工吹制玻璃
高:40cm 直径:13cm
FontanaArte 意大利

根据花茎的长度,Paolo Zani 设计的花瓶"Sumo"中的水瓶可以移动,外层的圆柱体可以倒置,使水瓶可以被放到一个比较低的位置。

Carsten joergensen
玻璃盘,热壶
硼硅酸盐玻璃
直径:22.1cm
Bodum 瑞士

Satyendra Pakhalé
桌面物品,C:da
回收金属,蜡
高:15.5cm 直径:10cm
有限批量生产

Satyendra Pakhalé
桌面物品,K:dai
回收金属,蜡
高:5.5cm 直径:18cm
有限批量生产

米歇尔·德·卢奇对结合了设计和手工艺的作品特别感兴趣，这足可以解释为什么他挑选了很多 Satyendra Pakhalé 的中心装饰物和花瓶。Pakhalé 借鉴了古代印度金属浇铸技术，并把它运用到了制作现代产品上来。先做一个中心核,混入干净的沙子和泥土。传统方法是把山羊粪浸在水里并磨好,再混入同比例的黏土。这种柔软的混合物就形成了基础模具。等彻底干透了,它就可以用来制造蜡制模具。将一种特殊的自然蜡在火中融化,用一块干净布将蜡在冷水中过滤,最后变成固体。有一点必须非常小心,那就是蜡必须干净不能有任何杂质。接下来,用一个筛子把蜡挤压成蜡丝的形状（根据需要或厚或薄)。蜡丝一条接一条地缠绕着中心核直到整个平面都被覆盖。传统的方法是，古代人把黏土做的中心核和蜡衣一起放在太阳底下暴晒让它们统一受热。整个产品将被盖上等量的黏土、沙子、牛粪，然后再一次用火烧。最后把不同的金属熔解在一起。比如,黄铜、青铜或其他金属。再将熔液浇入被烧过的黏土模具中，这样，金属作品就形成了。但蜡制模会在这个过程中消失。

纺织品

在《国际设计年鉴》的所有章节里，本章一般是禁止外约编辑参与选编的。不仅因为本章涉及的主题一般人不太熟悉，而且在没有亲眼看到的情况下对纺织品作评判确实太困难了。纺织品是可触摸的，光看一个二维的平面效果并不能检验它的质地。而检验质地又恰恰是评估织物好坏的基础。所以，最终的决定不能仅取决于审美方面或创新方面的考虑。

今年我们的选择面非常宽，有 Bute 和 De Padova 的手工制造室内装潢；有来自 Carol Westfall 的电脑设计作品；有 Yehudit Katz 极具创意的壁挂；有 Masayo Ave、Santos 和 Adolfsdóttir 对新材料的尝试；还有 Claudy Jongstra 的几款很有创意的作品；对于 Asplund 和 Ligne Roset 的大量优秀的地毯设计我们只选登了一小部分。日本参选作品第一次没有淹没其他提名作品，第一次与 Nuno 公司的作品有所区别，他们把传统民族手工业和最新材料以及最新生产技术有机地结合起来。这些作品并没有出现在本书中。

从参选作品上可以明显看出一个有趣的趋势，那就是对传统织物定义的背离。织物的界限已经被打破了。纺织品被当做家具（比如 Sodeau 的红地毯和 Gavoille 的“Kloc”）或是产品（比如 CP 公司的都市帐篷），当然，最重要的是智能纺织品的出现。

正如去年《年鉴》中提到的一样，材料与技术发展的重要性日益加强。纺织品正迈向 21 世纪。这不仅是采用工业材料后我们还会不会使用线和编织物的问题，而是智能织物的到来，使纺织品与工业产品之间的界限被模糊了。现在你可以去买一件“抗压汽车外套”，它是按照人的线条来制造的，用以保护脖子和后背的一小部分；或是去买一件经过美国航天局改进的“体温夹克”，它可以监测人体的体温，吸收或是释放热量以保持体温稳定。Levi 甚至已经开始研制一种粗斜纹棉布夹克，并带有内嵌式键盘和合成器。

医药纺织品已经被研制出来了，抗静电材料可以允许病人带着起搏器使用，还有为烧伤者提供的含水材料。佛罗伦萨的 Lineapiu 集团已经生产出了夜间发光橡胶线，该材料可以储存并释放光，就像炭纤维材料的所谓“放松”一样，它可以减轻压力，保护人体免受家电发出的电磁波的影响。

本次评选还重点强调了未来桌布，飞利浦在“厨房艺术——寻找完全厨房享受”研究计划中设计了一个新的概念，它把最新的数码技术与传统的就餐时间结合起来——这种亚麻桌布携带综合电路，但它可以完全水洗，它可以为所有放在它上面的电器提供电源。

未来智能纺织品将把我们引向何处呢？未来模式（一部纽约潮流预测电影）也许可以告诉我们答案。在日本发表了目前所发现的最新概念，这包括金属网纺织材料，它可以折叠，可以在上面写字，背后可以发光或是充满了信息。

Marc Newson
地毯,Marc
100% 纯新西兰羊毛,人工装穗
Asplund 瑞典

Marc Newson
地毯,Marc De Luxe
100% 纯新西兰羊毛,人工装穗
Asplund 瑞典

Maria Kaaris
地毯,肥皂泡
长:160cm 宽:210cm
100% 纯新西兰羊毛,人工装穗
Asplund 瑞典

Alfredo Häberli
地毯,地毯线
100% 纯新西兰羊毛,人工装穗
Asplund 瑞典

Alfredo Häberli
地毯,线条
100% 纯新西兰羊毛,手工装穗
Asplund 瑞典

Anki Gneib
地毯,奶酪
100% 纯新西兰羊毛,手工装穗
Asplund 瑞典

Lars Bergström,Mats Bigert
地毯,鸡蛋
100% 纯新西兰羊毛,手工装穗
Asplund 瑞典

Masayo Ave
地毯,沉寂
工业羊毛毡
宽:80cm 长:160~180cm
Atrox 股份有限公司 瑞士
一次性作品

Masayo Ave
挂毯,Quadretti
工业羊毛毡
Atrox 股份有限公司 瑞士
原型

Masayo Ave的自己拼装地毯使传统与创新和谐地融合在一起。通过运用工业毛毡,久经考验的编制过程被赋予了新的技法。Ave 自 1995 年起就开始深入研究各种材料,她在工业产品中搜寻所有能被利用的物质,并把它们的"美"解放出来。目前的Ave对聚酯材料(聚酯材料可以像可回收材料一样不含氯氟烃)、非编织材料、过滤材料、人工大理石、PET和尼龙就很有兴趣。充分利用这些材料要素的内在潜质,Ave创造了许多个人作品,她评价自己的作品"经常出乎预料,是有趣的发现"。她从不把设计强加在材料上,她总是"等着"材料对她说话。正因为此,她的作品经常是直接吸引住了观众,它们不仅具有功能性,更能吸引人的情感。

Masayo Ave
垫子，酷
聚酯泡沫，薄纱
大号：宽:42cm 长:42cm
小号：宽:32cm 长:32cm
Atrox 股份有限公司 瑞士
原型

Claudy Jongstra
纺织品
美利奴羊毛,透明硬纱金属丝
Not tom dick & harry 荷兰
原型

Claudy Jongstra
纺织品
羊毛、美利奴羊毛、卡拉库耳大尾绵羊毛、丝绸
Not tom dick & harry 荷兰
原型

Claudy Jongstra
纺织品
美利奴羊毛,生麻,透明硬纱丝,卡拉库耳大尾绵羊毛
Not tom dick & harry 荷兰
原型

Claudy Jongstra
纺织品
美利奴羊毛,薄纱
Not tom dick & harry 荷兰
原型

Not tom dick & harry 公司的设计师 Claudy Jongstra 完全使用天然材料，主要是毡，她又往里加入了生丝、亚麻、驼绒、开士米山羊毛和羊毛。Jongstra 创造的作品可以说是"美女与野兽"，它们好像是山顶洞人一般原始的外表被微妙、美丽的薄翼轻轻掠过。Jongstra 有着多达 500 多幅的保留设计。更复杂、更光滑的编织物可能是羊驼呢、美利奴羊毛、透明硬纱金属丝的混合;而更多毛、更粗犷的应当是美利奴羊毛和生麻的混合。Jongstra 说:"基本上毡是世界上最古老的编织物,所以它没有一个现代的形象。我想找到一种方式使它具有现代感。我还要考虑它原始的特性、它的强度，这就是为什么我一直和原材料以及自然材料打交道。"为了更好地控制她所使用羊绒的比例、质量和颜色,Jongstra 甚至自己养了一群稀有绵羊,任何一种工业程序她都可以采用，因为她有一台特殊制造的机器。她的客户包括国际时尚设计师 Donna Karan 和 John Galliano; 工业设计师 Hella Jongerius,还有美国建筑师 Will Bruder。最近她又为最新的电影"星球大战"中的 Jedi 战士提供纺织品。

Norma Starszakowna
编织品,美人 A 的行动
热反应和转印
高:350cm 宽:50cm
原型

Norma Starszakowna
编织品,美人 A 的行动
金属丝上的热反应和转印
高:350cm 宽:50cm
原型
有限批量生产

Emmanuele Ricci
家庭装饰用面料，金属丝
51% 棉，49% 丙烯酸树脂
宽：140cm
Lorenzo Rubelli 有限公司 意大利

Emmanuele Ricci
家庭装饰用面料，上升
51% 纤维胶，25% 聚酯，24% 丝绸
宽：130cm
Lorenzo Rubelli 有限公司 意大利

Emmanuele Ricci
家庭装饰用面料，Bambusa
51% 棉，49% 纤维胶
宽：140cm
Lorenzo Rubelli 有限公司 意大利

Emmanuele Ricci
家庭装饰用面料，螺旋
51% 纤维胶，25% 聚酯，24% 丝绸
宽：130cm
Lorenzo Rubelli 有限公司 意大利

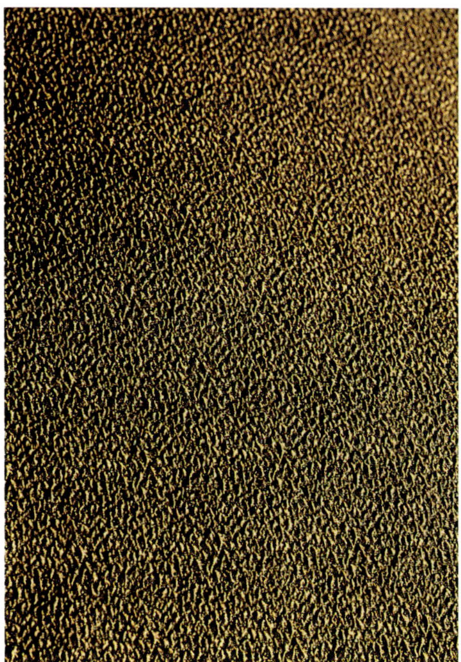

Ane Lykke
地毯,Zen se
编织纸
高:3.5cm 宽:129cm 长:200cm
原型

Javier Mariscal
地毯
100% 纯新西兰羊毛
长:170cm 宽:240cm
Desso 荷兰

Jeffrey Bernett
地毯,一个人
100% 纯羊毛,人工装穗
长:170cm 宽:240cm
Ligne Roset 法国

Pascal Mourgue
地毯,Smala
100% 纯羊毛,人工装穗
长:200cm 宽:200cm
Ligne Roset 法国

Jean—Charles de Castelbajac
地毯,On Pax Joy
100% 纯羊毛,人工装穗配雕刻设计
长:170cm 宽:240cm
Ligne Roset 法国

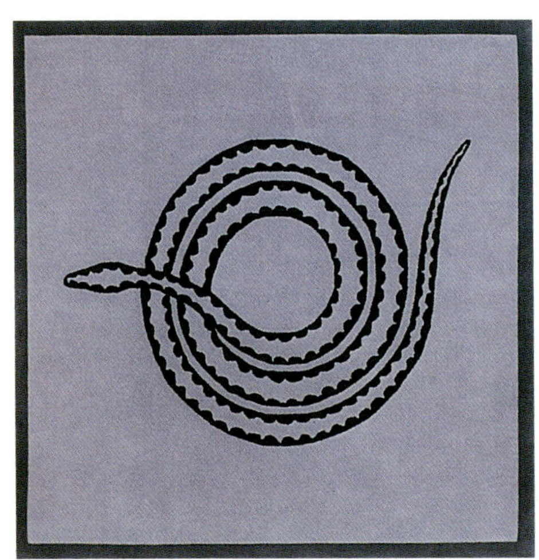

Michael Sodeau
地毯,红地毯,蓝地毯
羊毛
宽:100cm 长:有各种长度
Christopher Farr 英国

Kristian Gavoille
地毯,kloc
100% 纯羊毛,人工装穗
长:200cm 宽:200cm
Ligne Roset 法国

Stefano Marzano，飞利浦设计公司
桌布，互动桌布
编织物，电源线路
飞利浦电器公司 荷兰
一次性作品

互动桌布是飞利浦公司"厨房艺术"系列中的一件产品。综合电源线路被织到可水洗的尼龙中，它可以为放在桌子上的电器提供电源。桌布的表面保持恒冷，但它可以为特制的陶瓷盘保温。

CP 公司
帐篷/橡胶雨衣
防水尼龙编织
SPW 意大利
有限批量生产

CP 公司 2000 年春夏季作品集，并不满足于仅仅收集时尚的作品或纺织品，它的"变形，超越了布料，是一个对自由的具有讽刺意味的渴望"。这是一套可以从一件物品变形成为另一件物品的装备：一件长大衣加上一根线连在身体上，就可以变成一只风筝；一件夹克马上可以变成一个有很多口袋的帆布包。下图展示的这件连帽斗篷带一个小包，里面装了一根重量轻、但可以在里面把斗篷撑开的支撑铝柱。这样，斗篷一下子就变成了一顶帐篷（该产品未经齿轮力量测试和极端气候条件测试）。

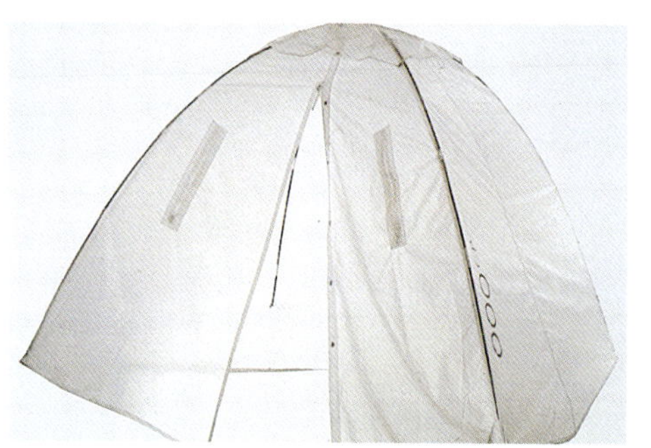

Jasper Morrison
编织物,Melrose
羊毛
Bute 织物有限公司 英国 苏格兰

Jasper Morrison
编织物,Tiree
羊毛
Bute 织物有限公司 英国 苏格兰

De Padova
亚麻油地毡 2000
54% 亚麻,40% 棉,6% 聚酰胺
De Padova 意大利

De Padova
室内装潢布料,Melange 2000
80% 棉,10% 纤维胶,6% 尼龙,4% 亚麻
De Padova 意大利

Heinz Röntgen
装饰面料,Bijoux
50% 聚酯 50% pes－金属
宽:170cm
Nya Nordiska Textiles 股份有限公司 德国

Heinz Röntgen
装饰面料,Fukaso
33% 亚麻,33% 聚酰胺,34% 聚酯
宽:152cm
Nya Nordiska Textiles 股份有限公司 德国

Yehudit Katz
编织品 Ikat
上蜡亚麻,棉,竹棍
高:226cm 宽:75cm
一次性产品

Yehudit Katz
编织品,Degradèe
亚麻,铜线
高:75cm 宽:68cm
一次性作品

Leo Santos—Shaw 和 Margaret Adolfsdóttir
编织物,SA08B2
纸,尼龙
宽:150cm
一次性作品

Leo Santos—Shaw 和 Margaret Adolfsdóttir
编织物,SA0012
聚酯,聚酰胺
高:400cm 宽:100cm
一次性作品

Tuttu Sillanpöö 和 Elina Huotari
地毯,polku I,polku II
纯羊毛毡
长:150cm 宽:220cm 直径:160cm
Verso 设计 芬兰

Thomas Sandell
地毯,空气
100% 新西兰羊毛,人工装穗
Asplund 瑞典

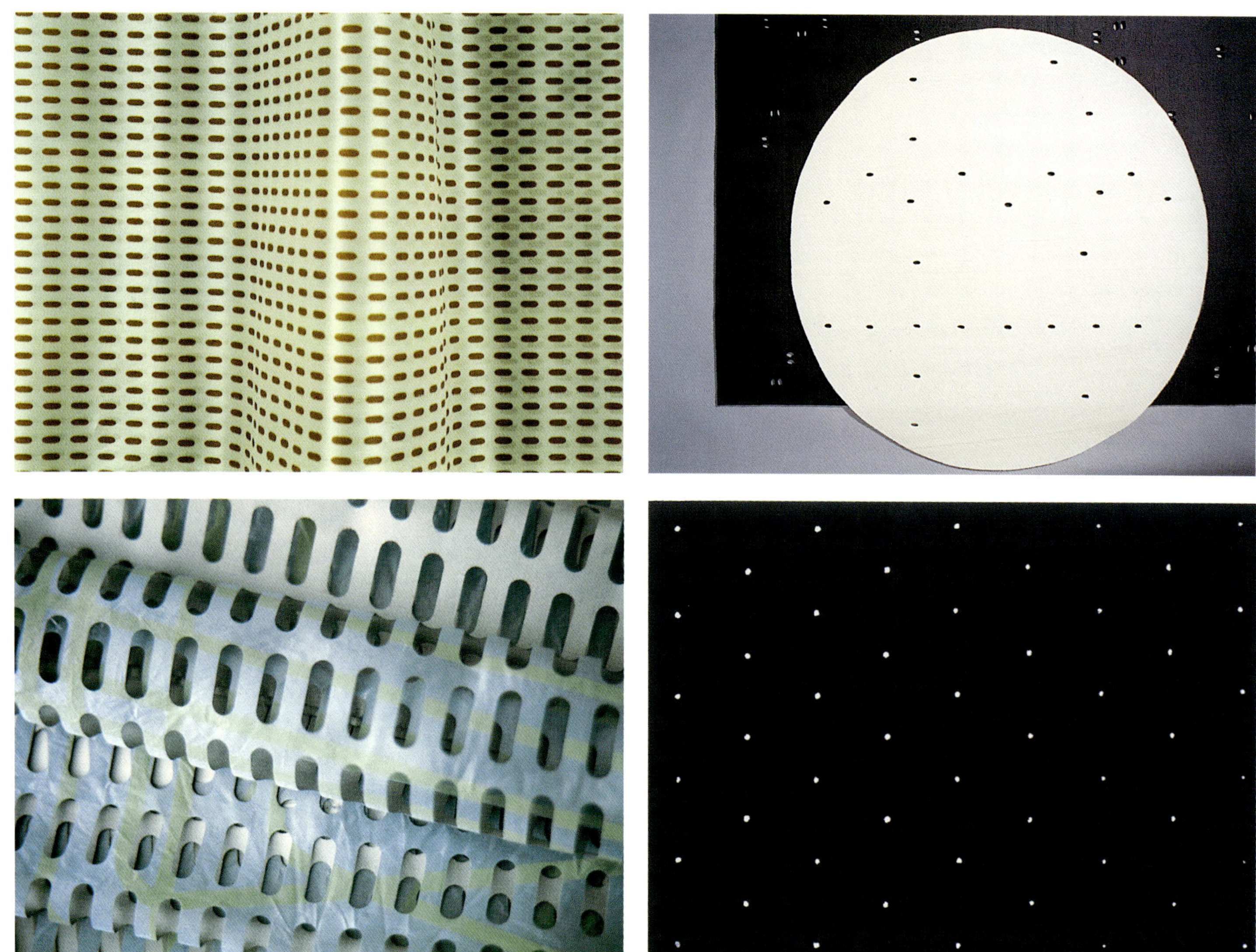

Carol Westfall
编织物，枯萎的蔬菜 - 黄瓜
棉布上的数码印刷
宽:148.5cm 长:103.5cm
一次性产品

Carol Westfall
编织物，动物 - 原生动物
棉布上的数码印刷
宽:148.5cm 长:274cm
一次性产品

Carol Westfall 的设计全部源自电脑，并在棉布上运用数码印刷。

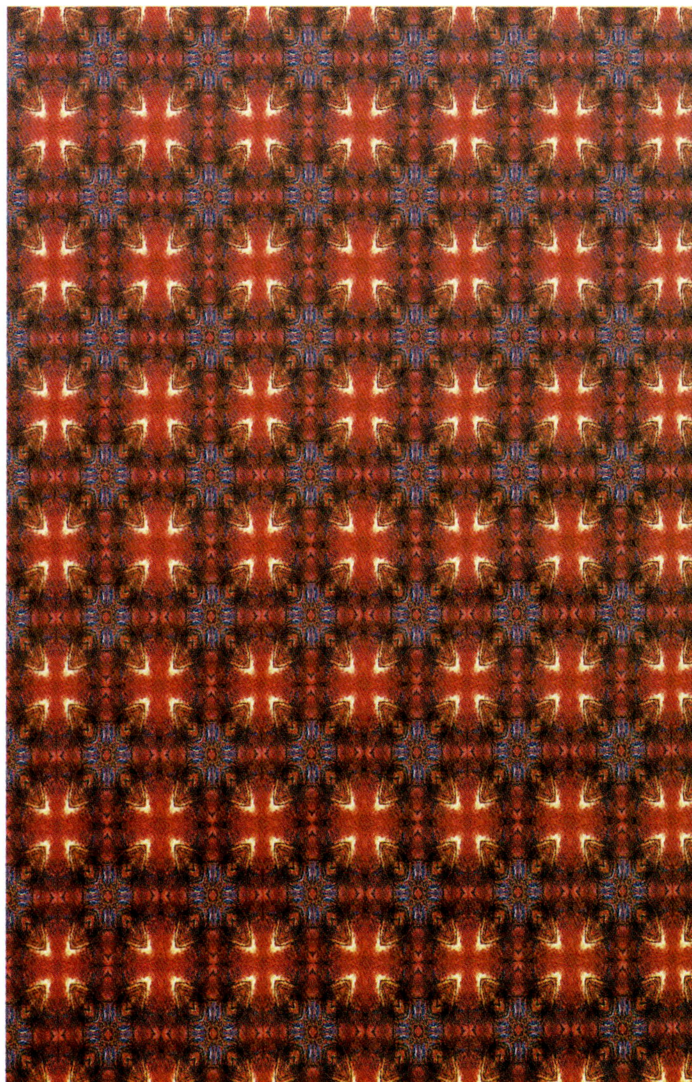

Christine Van der Hurd
人工装穗地毯,Verdi
100% 新西兰羊毛
宽:304.8cm 长:213.3cm
一次性作品

Christine Van der Hurd
人工装穗地毯,Portals
100% 新西兰羊毛
宽:152.4cm 长:213.3cm
一次性作品

Reiko Sudo
编织物,橡胶条发散
亚麻
宽 112cm
Nuno 有限公司 日本

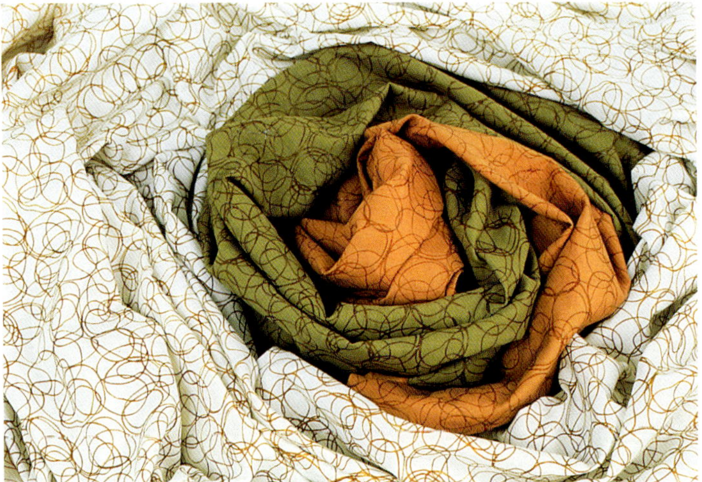

Kazuhiro Ueno
编织物,遮蔽胶带
棉
宽:92cm
Nuno 有限公司 日本

Reiko Sudo 和 Ryoko Sugiura
编织物,南十字
聚酯
宽:112cm
Nuno 有限公司 日本

Yoko Ando 和 Reiko Sudo
编织物,任意的房子
聚酯
宽:112cm
Nuno 有限公司 日本

今年 Reiko Sudo 为 Nuno 有限公司制作的众多作品反映了日本古代传统编织设计风格。作为创意设计，它们中的很多种比在日本知名纺织品生产公司中大批量生产的材料更实用。带状橡胶被印在混入丙烯酸和硅树脂的亚麻上，如果物理课有这么有趣就好了(发散橡胶条)；“遮蔽胶带被粘在纺织品上，然后喷上颜色，再把胶带撕掉，这样图案就留在了织物上”(遮蔽胶带)；还有把小玻璃珠用工业胶粘在织物上(南十字)。

产 品

PRE WASH
SPEED WASH
EXTRA RINSE
RINSE HOLD
Whites
Colour fast
Mixed colours
Non-colour fast
Synthetics
Refresh
Delicates
Handwash
Spin only
Programme selector
1200
1000
800
SPIN SPEED
90°
60°
50°
40°
30°
TEMP
Start/Pause
TIME REMAINING
45
30
15
5
POWER
DOOR LOCKED
CHECK TUB
CHILD LOCK
Power
Door

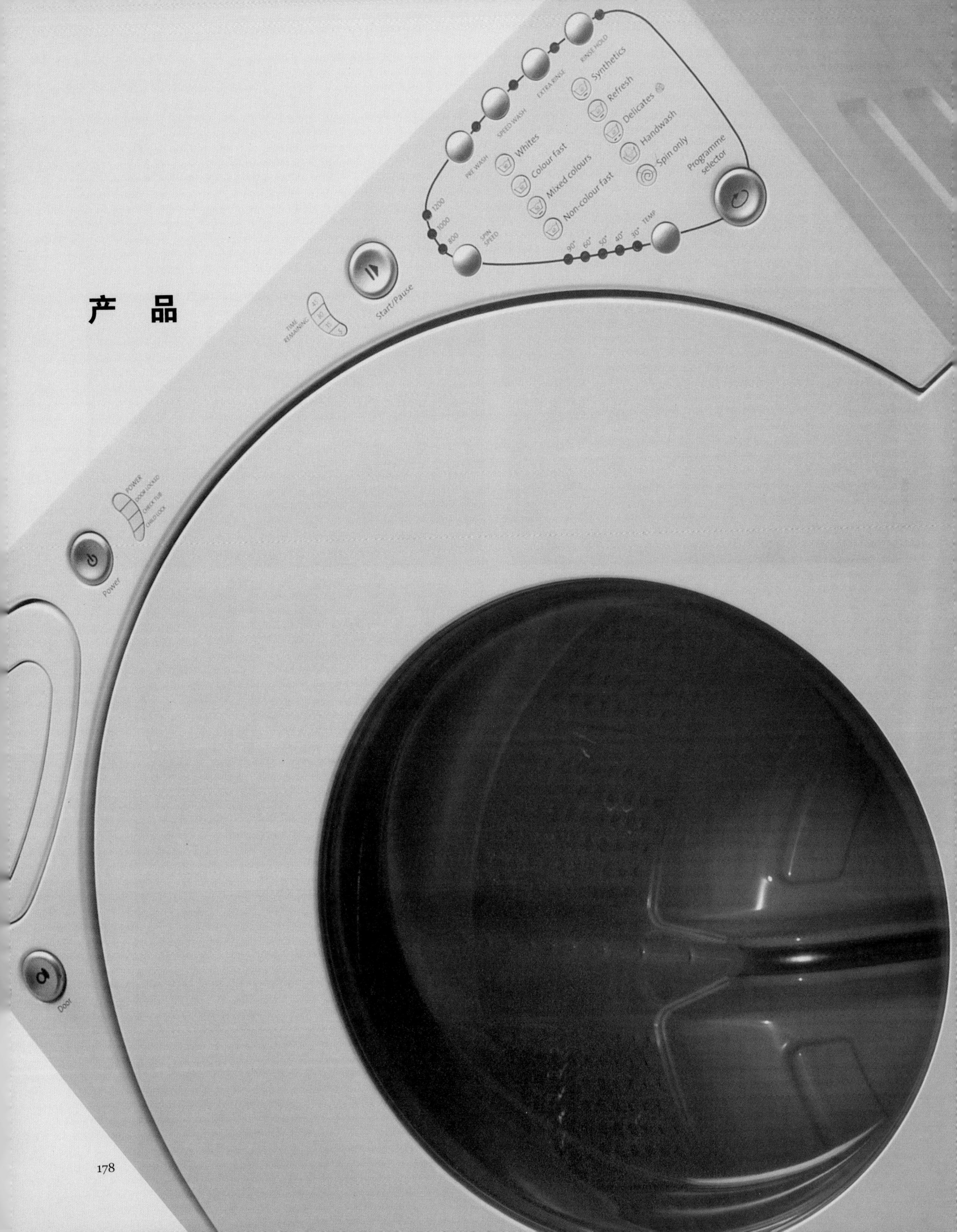

“我一直紧跟着变化的潮流，而且我现在也是这样做的。因为这对于我来说是设计创造建筑的必要条件。”(摘自1999年10月《Domus》杂志)。从他早期从业经历、创建Cavart、与孟斐斯的合作，到他今天对相似世界的兴趣，对新技术的研究，比如无线传输协议(WAP)和蓝牙，而这些新技术已经在电子产品的舞台上崭露头角。这一切都说明，米歇尔·德·卢奇已经处在核心研制工作的关键阶段。自从20世纪70年代后期他与Olivetti合作以来，到最近他联合松下和西门子，德·卢奇意识到内部设计小组对研究新技术的重要性。它的公司采用整体哲学，这不仅是把美学压缩在一件产品上，而是强调研制过程——“从分析到形成概念，从研究到实现”。每当讨论在信息和电子传媒时代到来之际，所生产产品的优点和缺点时，德·卢奇宣布那些将要成功的人会这样做，因为他们有一个合理的研究程序，今天成功的程度不再取决于生产能力，而是研制并生产。

随着社会文化潮流的改变，一个更完整、更快速、更富于变化的生活风格出现了。所有的生产商几乎都在研制智能产品，他们的目标是解放消费者的时间，使他们有时间去做更有创意的活动。惠而浦如今正工作在互联网的前沿，它们在开发一种具有食物跟踪功能的产品。它可以识别食品，可以直接从超市通过电子邮件送货。微波炉被设计成能阅读菜谱，还可以给食物称重，能在适当的时间对切洗好了的饭菜进行烹饪。太阳豆公司近日公布了一项网络设备的设计——“塔利亚”(主管田园诗的女神)。它包括煮咖啡壶、闹钟、搅拌机和浴室用的体重秤，这些设计具有很强的互动性，它们可以提供从早晨醒来开始所需要的一切服务。最近由麻省理工学院一位名叫Neil Goshenfeld的教授写的《当事务开始去思考》书中甚至预言，在不久的将来，网络厨房就会为保险公司提供设定保险费用所需的信息。

正当电脑预示着“非人化”世界的出现时，我们找到了一些方法把世界拖回航线，那就是寻找一种技术进步与人性的平衡。自从苹果生产出了iMAC，我们就已经看到了产品在外表设计上更趋简单化，界面更加友好，而其内部却极为复杂。

同样，飞利浦早就将最新电子技术与传统美学结合起来(飞利浦-Alessi系列在20世纪90年代革命性地将色彩和人的体温带回到了高科技消毒的厨房当中)。现在，飞利浦正着手进行一项长期的战略性设计计划，它的目标是将以网络为基础的服务和移动通讯人性化。飞利浦的客户交流部和飞利浦设计部征询了对工程人员、零售商、媒体和消费者的意见，这一切旨在为人类设计和创造一个更具人性化的未来。他们认为市场要同人们保持接触，了解并控制他们的需求。而消费者想控制他们的产品，事情就是这样。飞利浦设计公司的总经理Stefano Marzano这样写道，理想的新智能技术将围绕着我们，它们是坐在我们身边，并了解我们的助手或伴侣，它们可以学着去适应我们喜欢的和不喜欢的，就像过去的仆人一样，让主人有时间去欣赏艺术、从事科学研究、社会交流、招待来访客人或者是去旅游和从事慈善活动。

《年鉴》在挑选时强调了一部分上述观念。阿里斯顿的Leon@ rdo和WRAP(网络准备设备协议)将互联网带进了家用电器中。Matsushita使用传统的和一般家庭用材料生产了一套产品，它从生理上和心理上改变了我们对早餐的看法。Jam与惠而浦和Corian的合作孕育出了带有柔和线条，质地的全互动式厨房。飞利浦生产出了Café Duo，这家伙被形容为看上去不像个机器，倒像一个友好的侍者，手端托盘，盘子里放了一杯咖啡，靠在墙边站着。

虽然未来的全自动互联网家庭时代还未到来，但我们不会等得太久。有一次，我们要刊登一位德国亿万富翁的广告，他想寻找一位技术高手和一个多语言的家庭到他在瑞士建的房子去居住。房子里将会有众多的WRAP设备，有能自己下指令的电冰箱，有能检测出人潜在疾病的厕所。这个家庭每天要做的就是在网上(www.Futurelife.ch)直播他们每天的生活。我们仅希望这次试验能够证明灵感，而不是给我们带来警告。(“世界瞩目下的华贵生活”——《时代周刊》，2000年6月)

Marc Berthier,设计计划工作室
收音机,鹅卵石
铝外壳,P.P.
高:2cm 宽:6cm 长:9cm
Spirix—Lexon 法国

Marc Berthier,设计计划工作室
语音备忘录,鹅卵石
铝外壳,P.P.
高:2cm 宽:6cm 长:9cm
Spirix—Lexon 法国

Marc Berthier,设计计划工作室
计算器,鹅卵石
铝外壳,P.P.
高:2cm 宽:6cm 长:9cm
Spirix—Lexon 法国

Marc Berthier,设计计划工作室
闹钟,鹅卵石
铝外壳,P.P.
高:2cm 宽:6cm 长:9cm
Spirix—Lexon 法国

Marc Berthier,设计计划工作室
掌上数据库,鹅卵石
铝外壳,P.P.
高:2cm 宽:6cm 长:9cm
Spirix—Lexon 法国

Marc Berthier,设计计划工作室
灯,鹅卵石
铝外壳,P.P.
高:2cm 宽:6cm 长:9cm
Spirix—Lexon 法国

Marc Berthier,设计计划工作室
文具套件,鹅卵石
铝外壳,P.P.
高:2cm 宽:6cm 长:9cm
Spirix—Lexon 法国

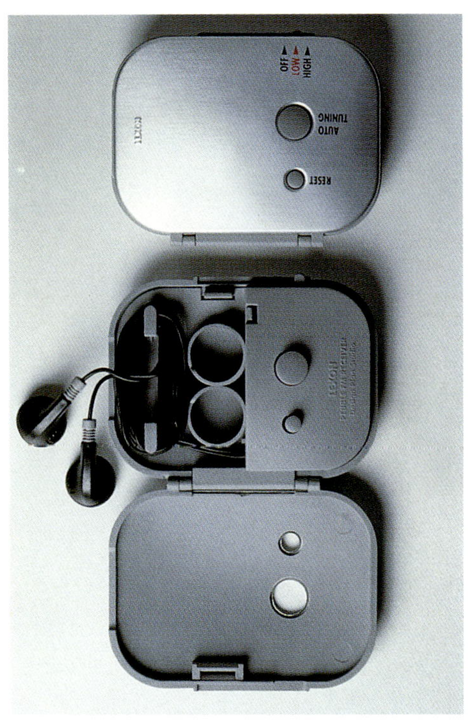

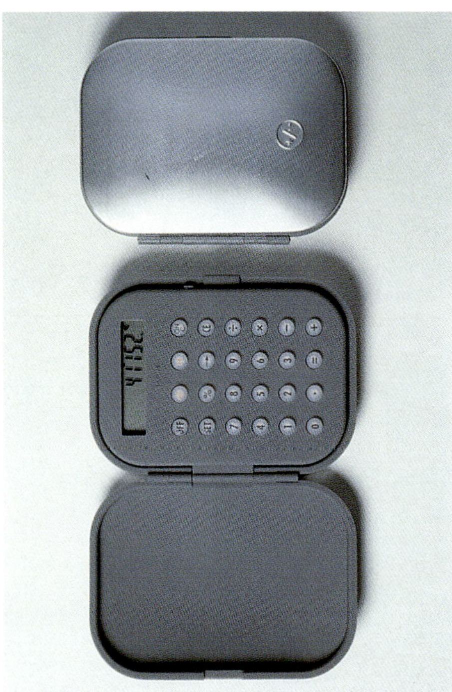

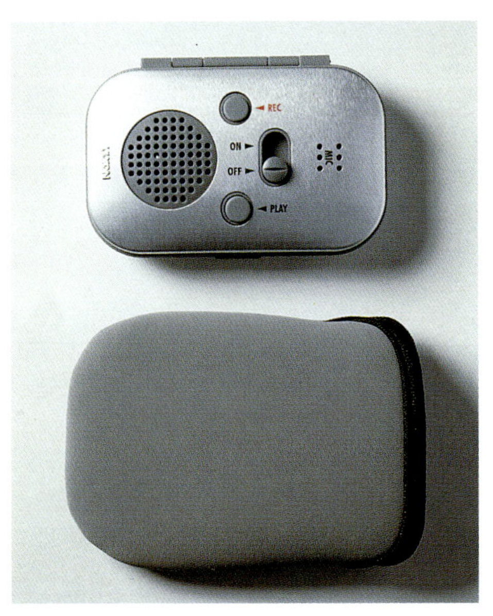

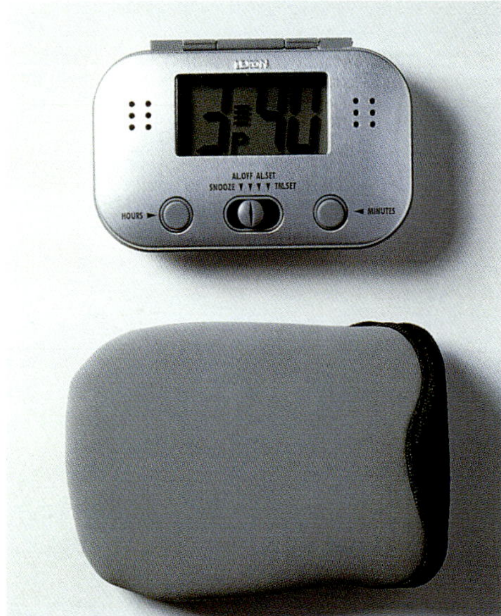

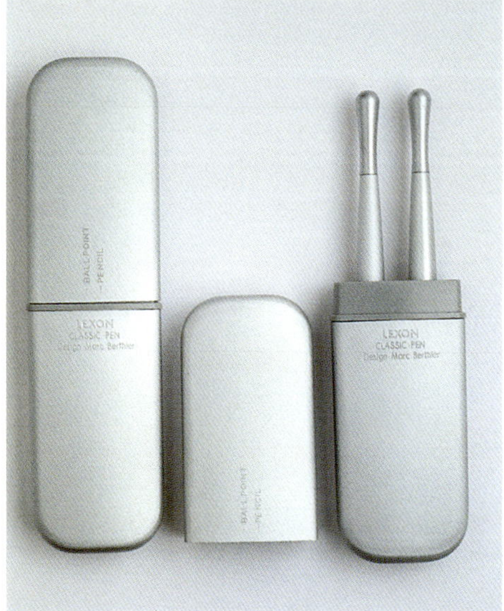

Hideki Kawai
水下照相机，Ixus X—1
聚碳酸酯，ABS 工程塑料，不锈钢
高:7.5cm 宽:10.5cm 长:4.7cm
佳能 日本

Geoff Hollington,Richard Arnott,David Townsend Elliot,Francis R.Skop Jnr.
先进照片系统相机，Advantix T700
各种塑料
高:6.5cm 宽:9.2cm 长:3.6cm
柯达伊士曼公司 美国

Kaoru Sumita
数码相机，DSC—F505 网络摄影数码相机
压铸氧化镁
高:6.2cm 宽:10.7cm 长:13.6cm
索尼 日本

Yasuhiko Miyoshi
便携式 MD 播放机(小光蝶),MD—ST55(S)(A)(R)
铝,ABS 塑料
高:7.8cm 宽:7.1cm
夏普 日本

夏普有限公司在全球有 66 家工厂，超过 6 万名员工分布在 33 个国家内。它的产品被认为是世界性的,在保持了高技术水准的同时,又不失优雅与时尚。公司成立于 1912 年,它的创始人是早川德次，当时的夏普主要为早川的皮带扣专利生产金属配件。夏普这个商标成名于早川的发明“永久夏普铅笔”。从这些早期实践开始,到今天夏普已成为世界头号 LCD(液晶显示器)生产商。公司每年都在开辟着新的市场，而这源自夏普研制出的独一无二的电子工业产品和生产出的家用电器以及商用设备。夏普始终保持以人为中心,从它对消费者需求的调查和产品的设计上都可以体现这一标准。当今世界更趋技术化,我们身边的电子设备也日益增多。但夏普很快意识到了这样一种现象,使用者更需要产品有简单的外表和界面,这样他们就能轻松面对复杂的机器了。夏普的设计哲学是生产简洁并且可靠的产品，它们的界面必须友好,使用起来令人愉快。

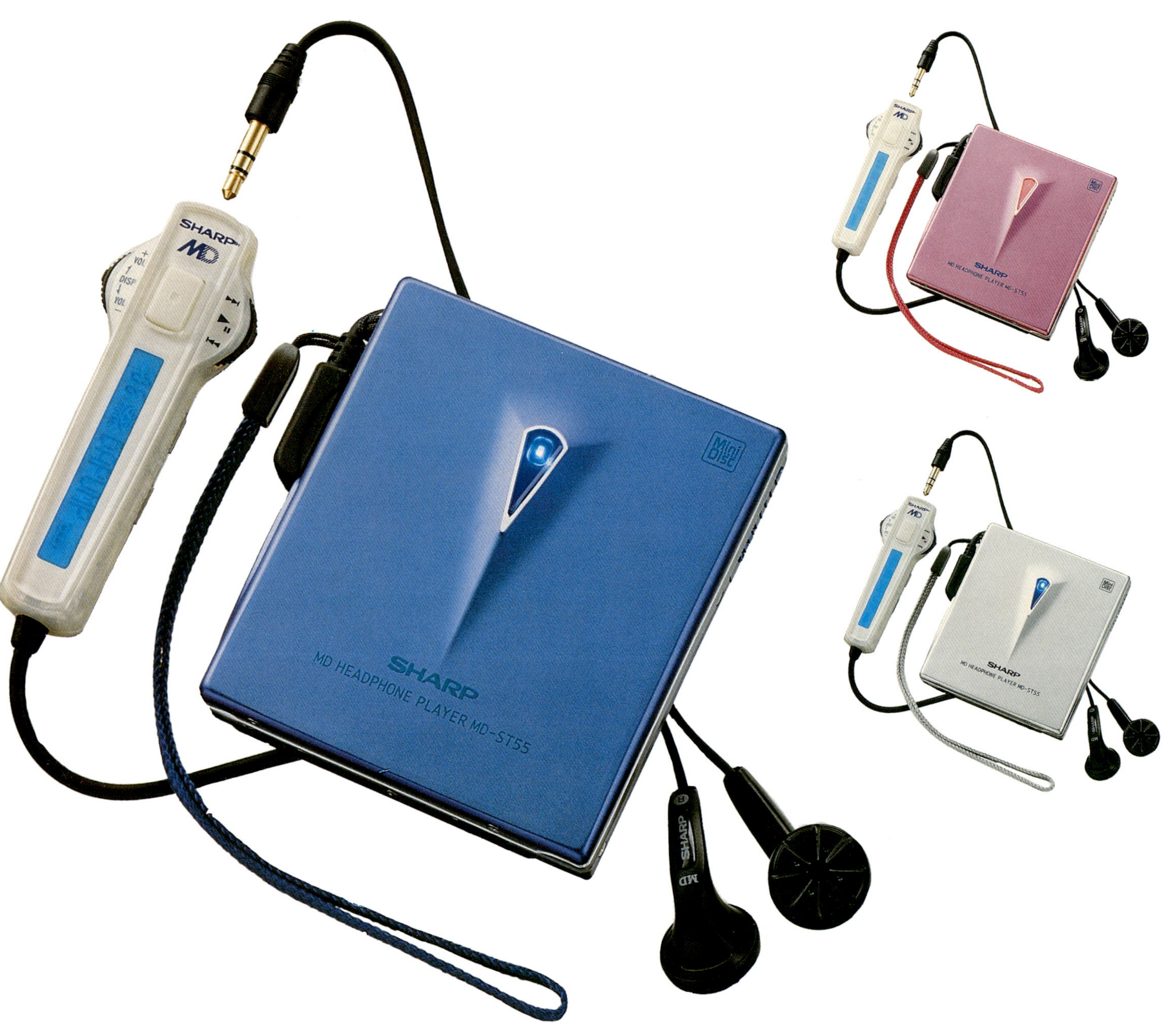

Kunihiro Okhi
个人数码助理,MI—C1—A
塑料
高:1.55cm 宽:3.6cm 深:8cm
夏普 日本

Yumiko Takeshita
传真机,UX—E8oo
ABS 塑料
高:12.7cm 宽:33.8cm 深:26.5cm
夏普 日本

Sachio Yamamoto,Katsunori Kume,Junichi Saitou
MPEG4 数码录像机,VN—EZ5
铝,塑料
高:8.5cm 深:4.82cm
夏普 日本

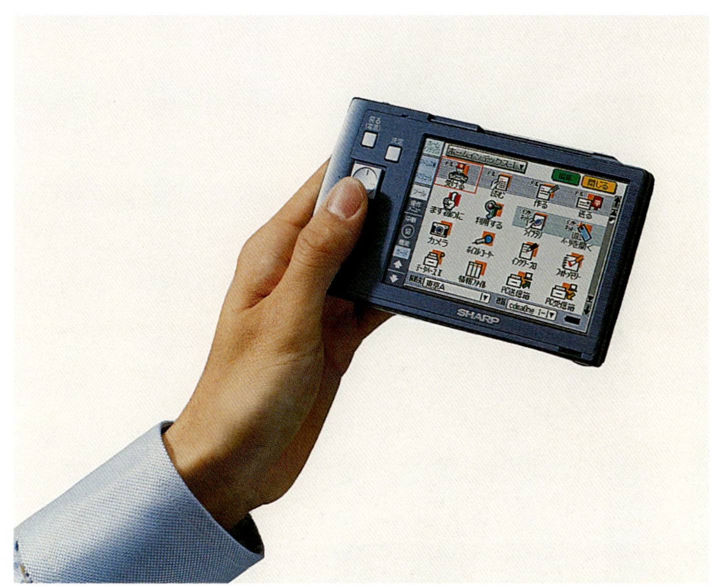

飞利浦
耳机，HS700 户外耳机
塑料
高:10cm 宽:5cm 深:1.5cm
飞利浦电子 BV 荷兰

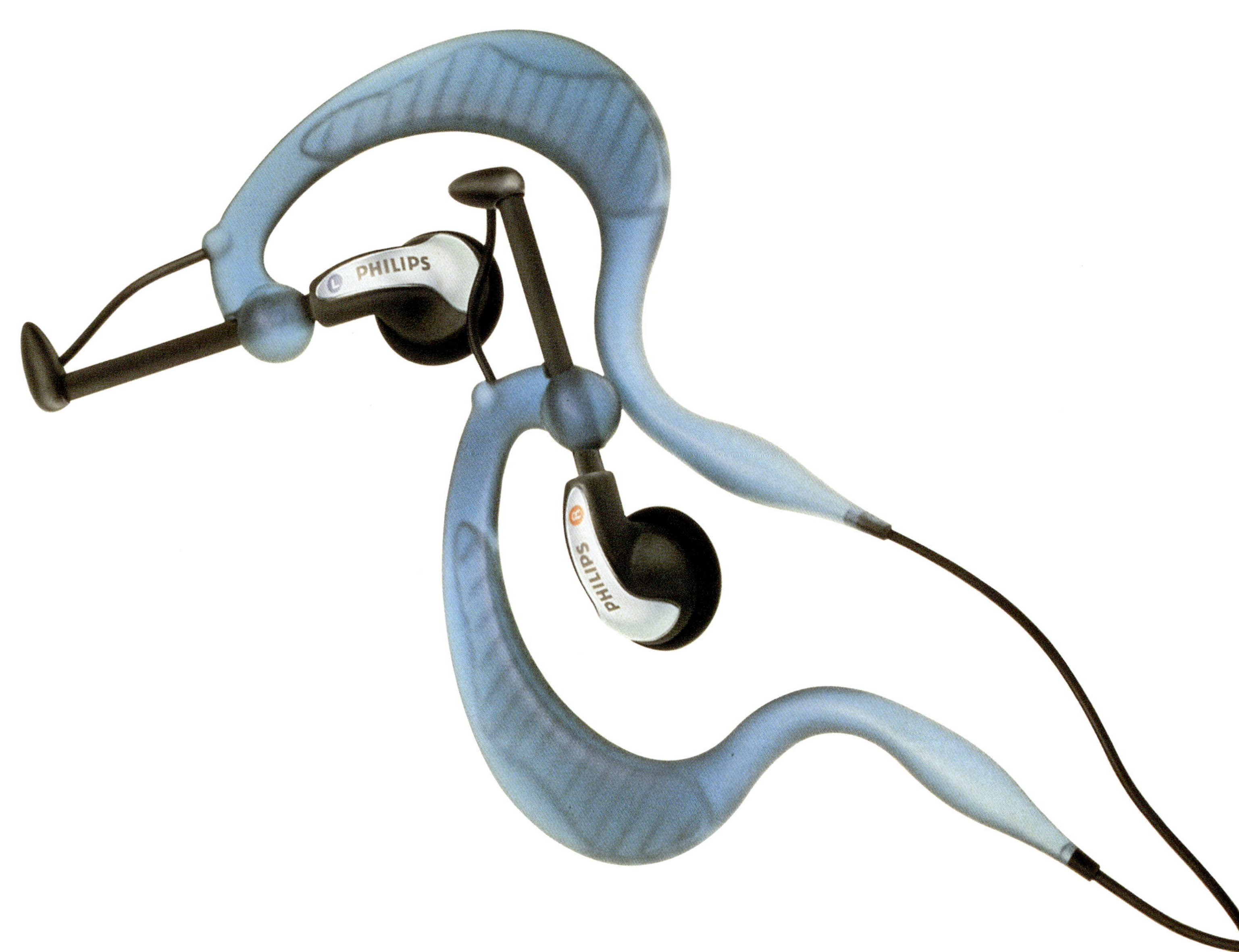

当创新的电子产品生产商已成为国际性的代名词时，飞利浦却坚持两个信条“人本”和“硬件”。

1920 年飞利浦第一次涉足消费品的生产，当时的总经理 Louis Kalff 展开了一项调查，在世界范围内研究消费者的品位。这些研究成果被运用到飞利浦的革命性设计当中。直到 1980 年，当 Robert Blaich 被任命为飞利浦工业设计局主管时，公司才采用了这样一个策略，无论什么产品在设计时不能只考虑实用性和实效性，还应更具个性化，体现现代消费者的需求。

Stefano Marzano(自 1991 起任飞利浦总经理)是“高雅设计”的创造者，“高雅设计”把这个概念又向前推进了一步。它是一种哲学观念，并且很快就蔓延了全公司。Marzano 认为许多人的价值已经从世界上消失了。工业设计要带着浮华的技巧预先占领那些很少被涉及的消费需求市场。它引用了 Dumos 学会 Ezio Manzini 的话，“我们已经遗忘了那些由我们精神情感和实际能力所创造出的东西”。他还认为，一般人对技术有一种恐惧心理，作为飞利浦设计公司的总经理，他应当负起责任减消这种恐惧。通过运用更传统的外形，聘请人类学和心理学工作小组以保持产品的人性化。飞利浦把技术和普通人之间的距离拉近了。它的目标是创造一种合作的关系，“发明有意义的产品为人们的日常工作服务，体现他们所相信的价值观，激发他们的情感和创造力。”

飞利浦
太阳穴体温计，太阳穴接触感应
温度计 HF370
塑料，金属
高:17.5cm 宽:4.3cm 深:3.3cm
飞利浦电子 BV 荷兰

太阳穴接触感应体温计是一项革命性的新型红外体温计，它依靠测量太阳穴附近的动脉来测定体温。用感应器轻轻地接触一下太阳穴，它就能读出精确的体温数据。这项设计的精髓在于结合了最新科技与家用产品使用者的反馈信息。反馈信息表明，越是简单的产品越受欢迎。

飞利浦
座机电话，数码 Kala™
塑料
高:16.3cm 宽:5.3cm 深:3.5cm
飞利浦电子 BV 荷兰

Kala 数码座机电话设计成功的关键在于容易使用，它的目标是科技要人性化。

飞利浦
皮肤保健产品，Cellesse 活跃感应 HP5231
氯丁(二烯)橡胶
高:16cm 宽:11.6cm 深:8.8cm
飞利浦 BV 电子 荷兰

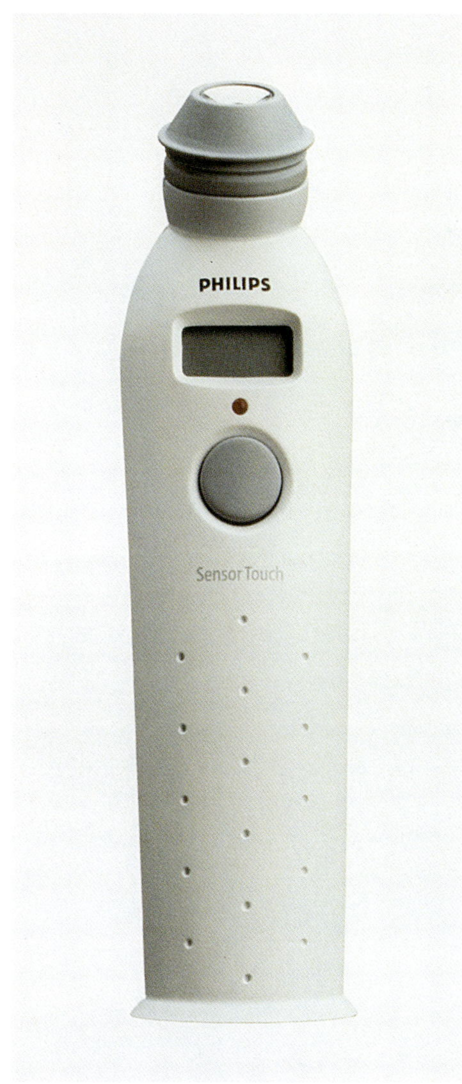

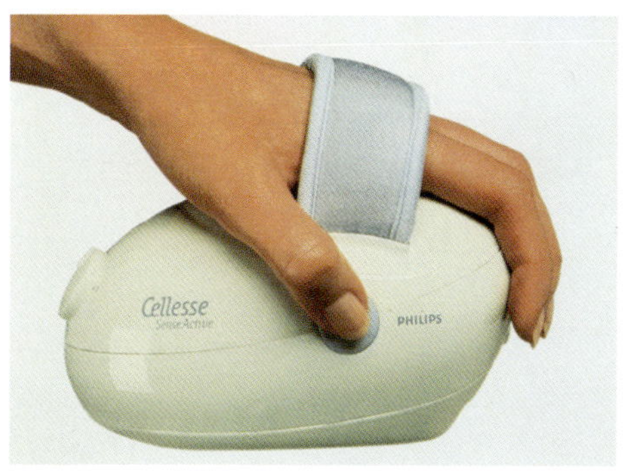

Frederick Lintz
长距离无线电话机，Olympe
ABS 塑料
高:16.7cm 宽:3.7cm 长:6.7cm
Spirix Lexon 法国

TKO 设计
移动电话，轻松一碰 DB™ 移动电话
ABS 塑料，橡胶，各种聚合体
高:11.4cm 宽:5.2cm 长:2.8cm
阿尔卡特电信 英国

西门子
移动电话，S351
ABS 塑料
高:2cm 长:11.8cm 宽:4.5cm
西门子电子设备有限公司 德国

西门子
WAP 设备，Unifier IC35
ABS 塑料
高:2cm 长:10.8cm 宽:8.7cm
西门子电子设备有限公司 德国

S35 是西门子新一代移动电话的一部分。它只有手掌大小，防水、耐用。IC35 unifier 能提供一部笔记本电脑的所有功能，它可以通过一部手持机接入互联网。它还能储存音乐，并通过耳机收听。

Claus—Christian Eckhardt
移动电话，博士 310
ABS—PC 硅，铝，不锈钢
高:12.4cm 宽:4.4cm 深:2.4cm
博士电信有限公司 德国

Claus—Christian Eckhardt
移动电话，博士 1886
ABS—PC 硅，铝，不锈钢
高:11.2cm 宽:4.4cm 深:2.2cm
博士电信有限公司 德国

产品设计部 设计 3 组
电话，轻松 T C410 DECT 无线电话
注射模具 ABS 工程塑料
手机:高:14.8cm 宽:5.2cm 深:3.2cm
底座:高:12cm 宽:9.5cm 深:7.3cm
德国电信有限公司 德国

Hannes Wettstein
手表,Futura
Titan—nitrogen
宽:4.5cm 长:2.5cm 深:0.9cm
Ventura 设计公司 瑞士

Massimo Canalli
永久使用月历,无边
Titan—nitrogen
长:42cm 宽:42cm
Nava 设计有限公司 意大利

Hannes Wettstein
手表,个人计算器
Titan—nitrogen
深:0.9cm 直径:4.3cm
Ventura 设计公司 瑞士

Hannes Wettstein
手表,个人计时器
Titan—nitrogen
深:0.9cm 直径:4.3cm
Ventura 设计公司 瑞士

Linde 设计公司
秒表,Mexx 都市秒表
不锈钢
直径:4.2cm
Mexx Time 丹麦

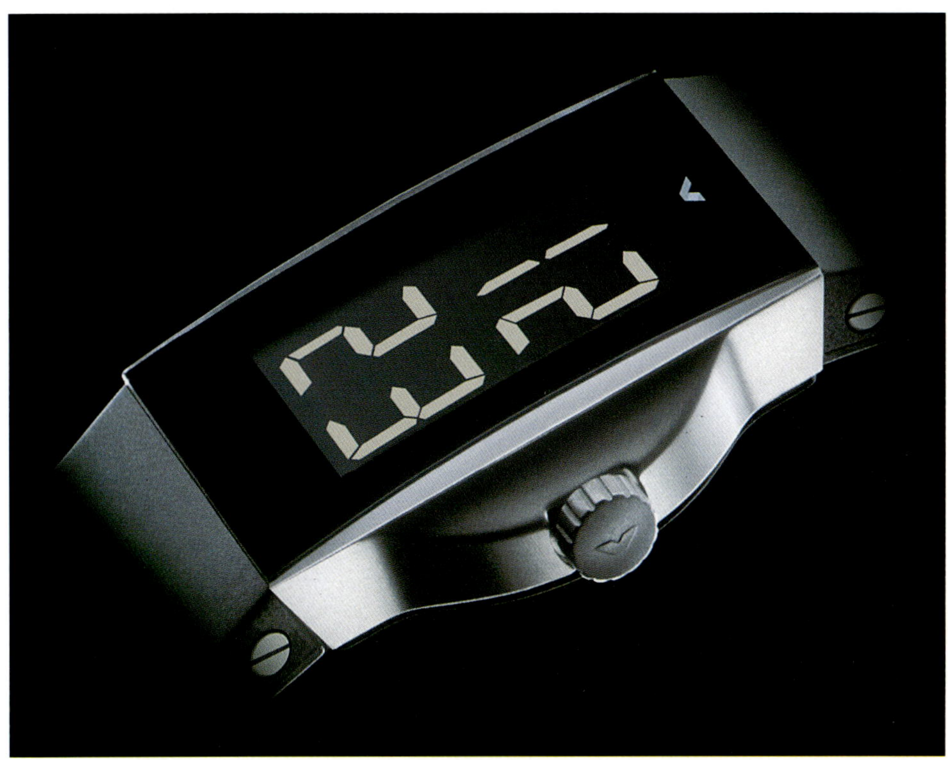

苹果有限公司
苹果电影屏幕
塑料
高:47.9cm 宽:58.8cm 深:21cm
苹果有限公司 美国

苹果有限公司
苹果 powerG4
塑料
高:43cm 宽:22.6cm 深:46.7cm
苹果有限公司 美国

苹果有限公司
电脑,PowerG4 立方体 Mac
塑料
高:24.8cm 宽:19.5cm 深:19.5cm
苹果有限公司 美国

月亮设计
电脑显示器,索尼家用显示器
注射模具,ABS 塑料
高:37cm 宽:37.3cm 深:42.4cm
索尼有限公司 美国

飞利浦
显示器系列,飞利浦 1999 /2000 CRT 显示器
系列
塑料
高:44.7cm 宽:44cm 深:39.6cm
飞利浦电子 BV 荷兰

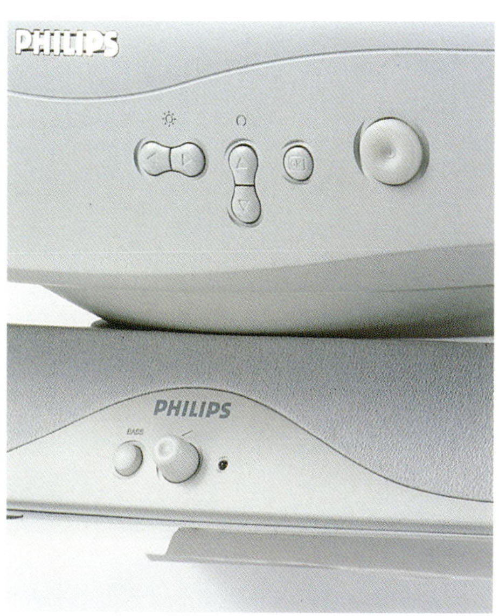

飞利浦
液晶显示器,飞利浦 光辉 151AX 液晶显示器
丙烯酸树脂
高:41.8cm 宽:40.2cm 深:17.6cm
飞利浦电子 BV 荷兰

月亮设计
家用电脑,HP 多媒体个人电脑
ABS 塑料
立式机箱,高:37cm 宽:24.05cm 深:35.5cm
卧式机箱,高:44cm 宽:39cm 深:21cm
Hewlett Packard 美国

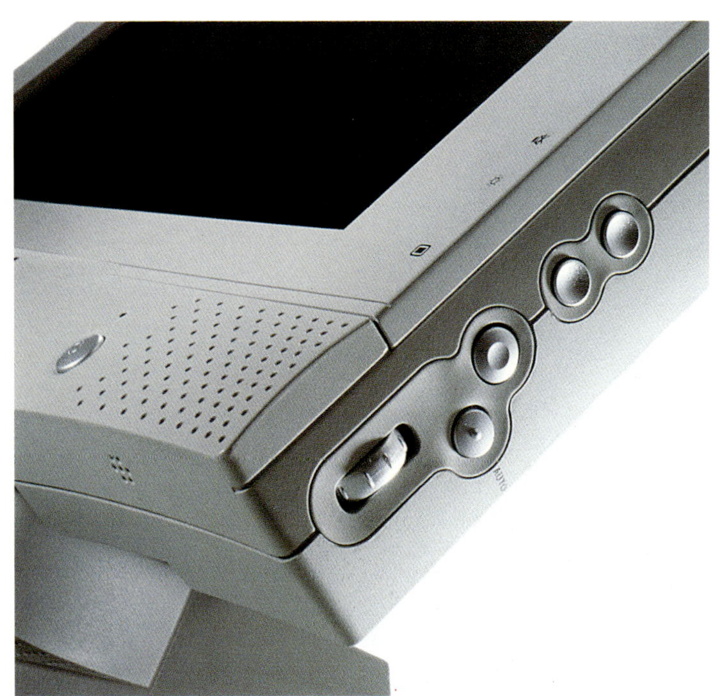

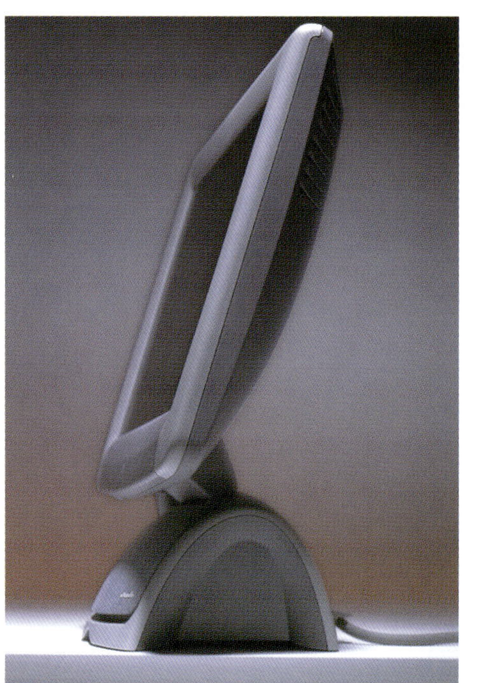

西门子
鼠标,ID 鼠标
塑料
西门子电子有限公司 德国

ID 鼠标被认为是使用者的指纹。它可以在 windows 下快速安装，但是使用者在第一次安装时必须储存自己的指纹以备参考。感应器会迅速建立一个指纹识别系统并储存起来作为视觉密码。在汉诺威 2000 年展览会上西门子打出的标语是“西门子——我们为您而从事科技工作”，公司用它来表示西门子是一个面向 21 世纪以科技为基础的公司。公司自 1847 年成立以来，西门子的创新产品已经在电子工程、信息、传媒、医药卫生等领域赢得了声誉，在近来的新一代清洁能源和电信方面也不落人后。

西门子有限公司（1966 年成立）在过去的 5 年里，公司电子产品计划的 80% 已经研制成功，这进一步巩固了西门子已经公布的目标：不断评估并完善产品系列。这项计划得到了世界范围内超过 5 万人的设计研究小组支持。这个分支最近又和 Publicis MCD Messeagentur 合作形成了西门子设计与商品展销股份有限公司。新公司的总经理 Herman Schultes 的目标是两个部门要像一个小组一样工作。

它的设计哲学是：生产结合了功能性与美观性的产品，聘请知名的设计师作为顾问，为公司提供新创意，并鼓励和支持公司员工。这意味着西门子近来的设计日趋多元化，范围也越来越广。它的一个主要目标是不光要生产全新的高利润的产品，而且不能因为急功近利而失去了远景规划眼光和社会的整体利益。公司每年花费上亿德国马克用于研究环保产品技术，同时削减能源和材料的使用，减少污染。

Mitsuhiro Nakamura
15 周年 CD 随身听,D—EJ01
镁合金
高:2.15cm 长:13.85cm 宽:13.62cm
索尼有限公司 日本

Noriaki Itai
带 7 英寸液晶屏的 DVD 播放器,DV—L70S
塑料
高:2.54cm 宽:18.8cm 深:14.1cm
夏普有限公司 日本

Shinichi Obata
VAIO 音乐条,MC—P10
塑料模制
高:2cm 宽:12cm 深:2cm
索尼有限公司 日本

MC—P10 储存和播放从互联网上下载的或从 CD 上转化的数码音乐。高速的音乐文件使长达 1 小时的音乐转化起来只需 3 分钟。

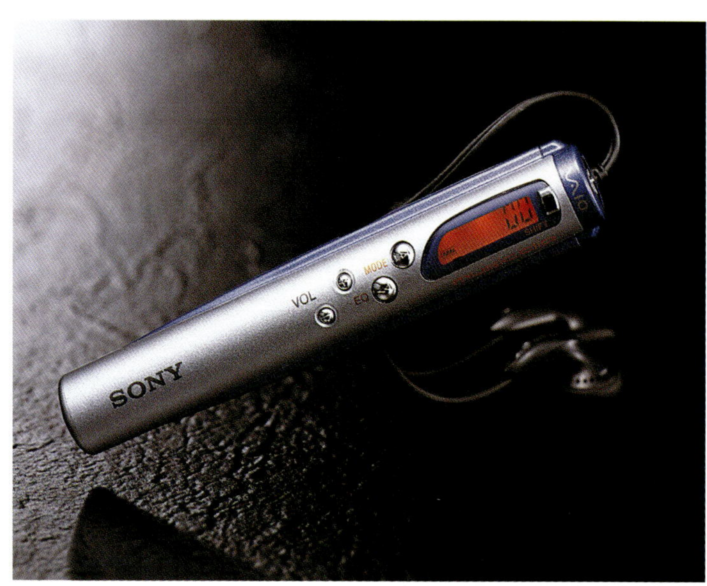

Yoshinori Inukai
彩色平面扫描仪,佳能扫描仪 FB636U
铝,ABS 塑料,玻璃
高:3.9cm 宽:25.6cm 长:37.25cm
佳能有限公司 设计中心 日本

Yoshinori Inukai
彩色平面扫描仪,佳能扫描仪 FB330P /FB630P
ABS 塑料,玻璃
高:3.9cm 宽:25.6cm 长:37.25cm
佳能有限公司 设计中心 日本

Airi Itakura
彩色平面扫描仪,佳能扫描仪 FB1210U
铝,ABS 塑料
高:9.25cm 宽:28.6cm 长:46.1cm
佳能有限公司 设计中心 日本

Oba Haru
VAIO 个人电脑,PCV—L720
ABS 塑料
液晶显示器,高:33cm 宽:4 3cm 深:17.5cm
VAIO 智能键盘,高:3.5cm 宽:38cm 深:17.5cm
索尼有限公司 日本

PCV—L720 多媒体液晶显示屏较之其他液晶屏移动角度更宽，这都归功于双枢纽轴的结构。Oba Haru 一直想设计这样一种使用起来就像我们平时看书一样随意的电脑。

Toshiyuki kita

28 英寸 TFT 液晶电视，LC—28HD1
铝
高:44.8cm 宽:69.08cm 深:6cm
夏普有限公司 日本

飞利浦
电视，新视觉 1
高:37cm 宽:41cm 深:38cm
飞利浦电子 BV 荷兰

飞利浦
电视，FL—7 银色光泽线条设计 32 英寸宽银幕
塑料
高:104cm 宽:92cm 深:60cm
飞利浦电子 BV 荷兰

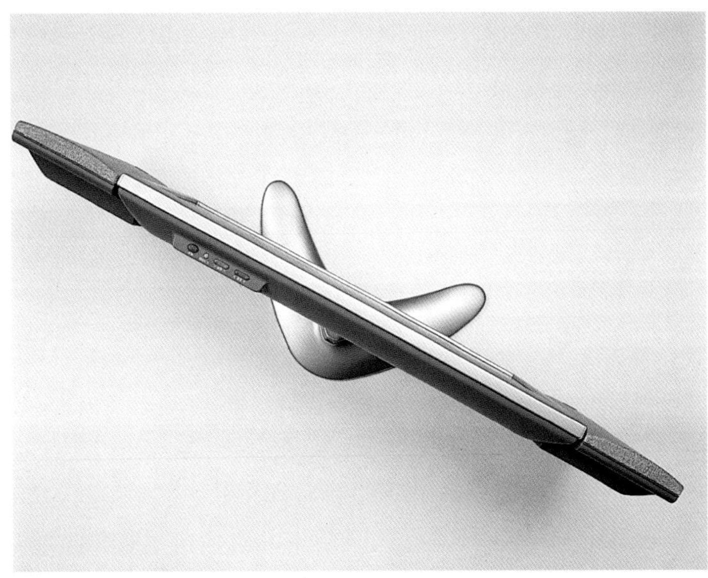

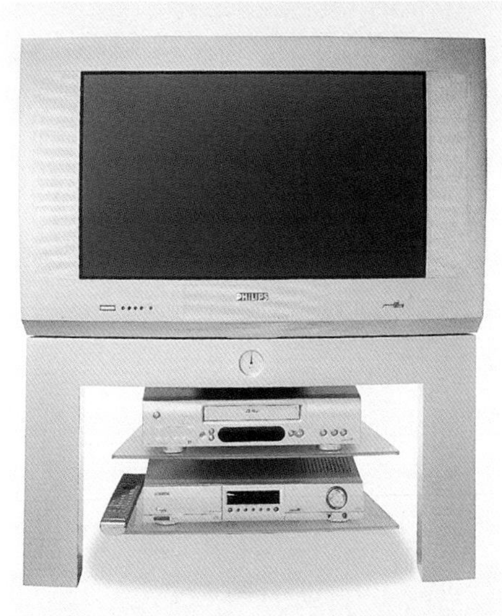

LC—28HD1 是世界上第一种可以接收高清晰度数字电视信号的 28 英寸宽液晶电视。

新视觉 1 电视满足了消费者的需求。这台 14 英寸的电视是根据市场调查设计的。该项市场调查了解到目前社会普遍需要一种放在卧室的电视，最好还能带闹钟和照明的功能。

Yamaha 产品设计工作室
大钢琴,Yamaha Disklavier pro 2000
云杉木,樱桃木,枫木,铝,铁
高:102cm 宽:155cm 深:227cm
Yamaha 有限公司 日本
有限批量生产

NAC 音响
音箱，Atun
陶瓷
NAC 音响股份有限公司 意大利

NAC 音响
音箱，Seth
陶瓷
高：32cm 宽：14cm
NAC 音响股份有限公司 意大利

NAC 音响
音箱，Isis
陶瓷
高：74cm 宽：20cm
NAC 音响股份有限公司 意大利

NAC 音响
音箱，Zemi
陶瓷
直径：24cm
NAC 音响股份有限公司 意大利

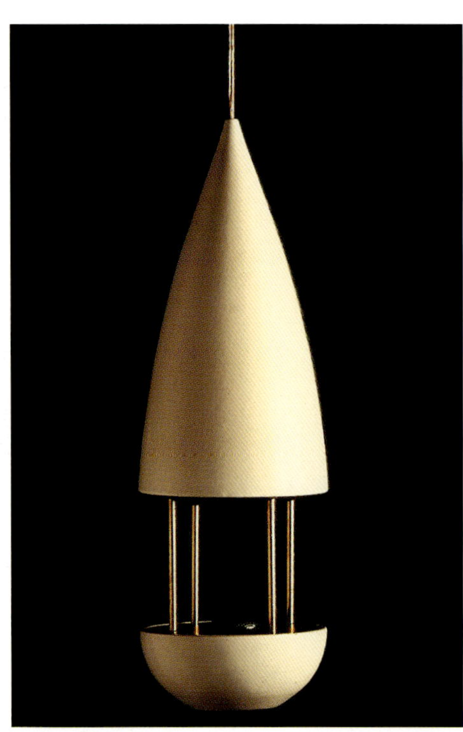

NAC 音响将创新设计与最新的扬声器技术结合起来。它的产品发出球状音效较之柱状音效更胜一筹，而这项音响概念的研究也获得了专利。所谓“全方位技术”就是音箱可以放置在房间的任何一个位置都不会影响效果。在原始设计上主要使用了陶瓷，但现在集团正在试验用不同的金属或其他材料取代陶瓷，比如铝、炭纤维和实木。NAC 的产品永远靠外形取胜。长的、锥形的或球形的，之所以选择这些样式不完全是出于美学考虑，这样的音箱很少受机械振动和回声的影响。

AVC 设计中心
便携式 DVD 液晶播放机，DVD—LA75
塑料
高:24.8cm 宽:18.5cm 长:14cm
松下电子工业有限公司 日本

Nobuhiro Fujii
直立型旋风真空吸尘器
塑料，橡胶
高:102cm 宽:28.4cm 深:16.5cm
夏普有限公司 日本

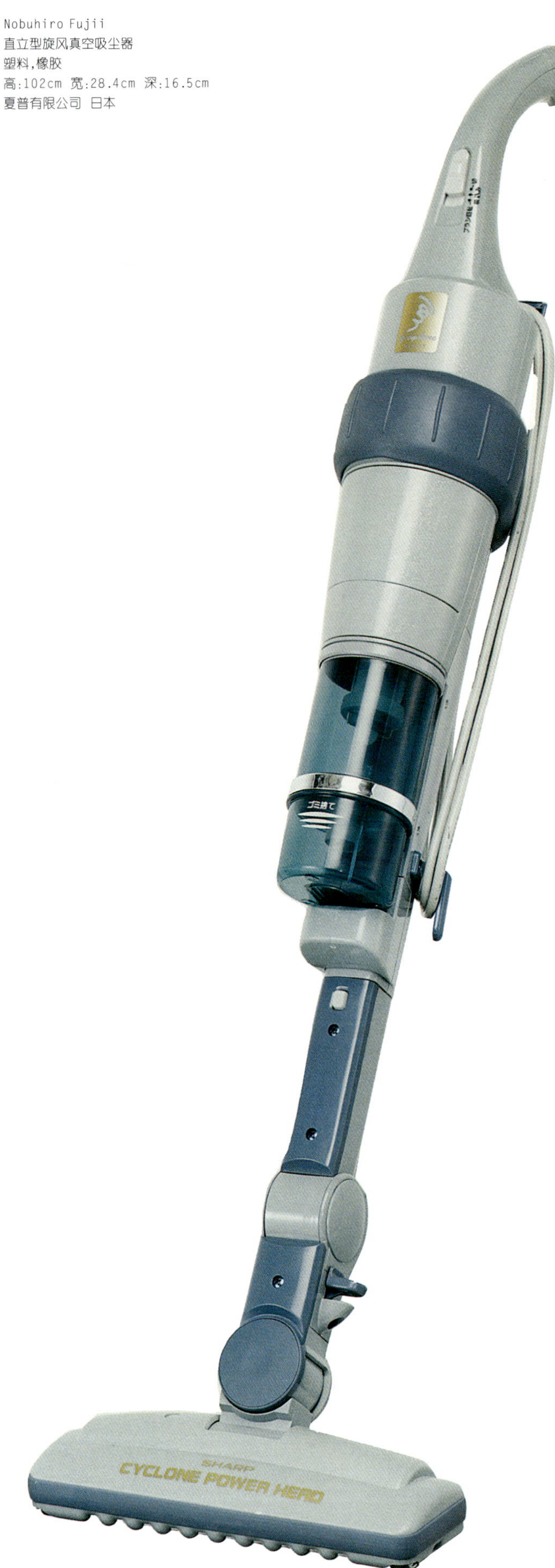

Luigi Molinis
电风扇，Frend
ABS 塑料
高:45cm 宽:76.5cm 深:17.5cm
Rhoss 有限公司 意大利

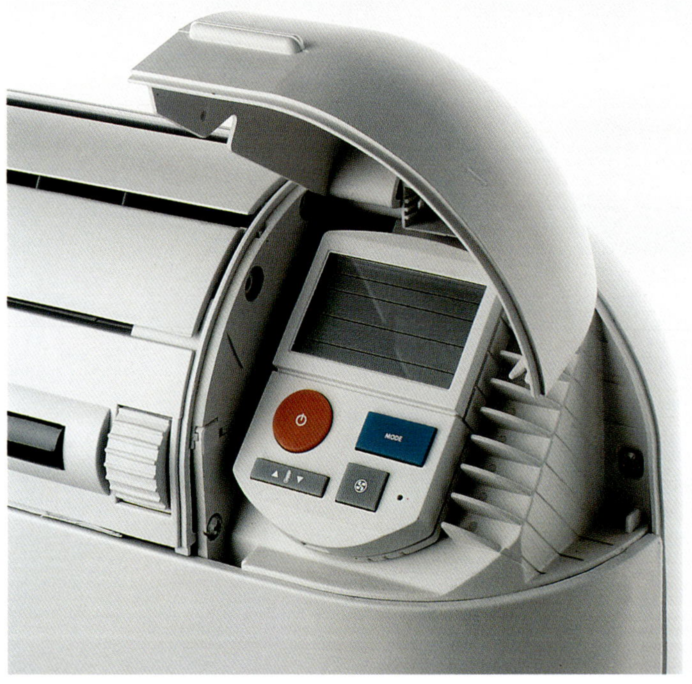

Tomoki Taira
微波炉，半品脱 R—120D
ABS 塑料，钢
高：36cm 宽：36.5cm 深：36.2cm
夏普有限公司

半品脱 R—120D 微波炉是一款“生活风格”电器。该系列有多种颜色，它小巧的外形使它成为家庭、办公室，或其他有限空间环境的理想配备。它外形虽小，内部空间却很大，可以保证家庭厨房使用。

Carsten Joergensen
电子咖啡壶,Santos
聚碳酸酯
高:32cm 直径:18cm
Bodum 有限公司 瑞士

Massimo Losa Ghini
咖啡机,"T"
高:41cm 宽:28cm 深:24cm
Tuttoespresso 意大利

Kazuhiko Tomita
茶壶,Ciacapo
铸铁
高:13cm 宽:18cm 直径:14cm
Covo 股份有限公司 意大利

飞利浦
咖啡壶,Café Duo HD7140 /42
塑料,金属
高:25cm 宽:17cm 深:17cm
飞利浦电子 BV 荷兰

Stefano Giovannoni
水壶,阿里巴巴
PMMA 玻璃
高:25cm 直径:17.5cm
Alessi 股份有限公司 意大利

Ann Morsing,Beban Nord
杂志和纸张篮,Pelle 盒
纤维板
高:30cm 宽:43cm 深:31cm
Box Design AB,瑞典

Henrik Holbaek,Claus Jensen
冰块盒,Eva Solo
不锈钢,塑料
高:7cm 直径:17cm
丹麦 Eva A/S 丹麦

Henrik Holbaek,Claus Jensen
真空长颈瓶,Eva Solo
不锈钢,塑料
高:27cm 直径:13cm
丹麦 Eva A/S 丹麦

Henrik Holbaek,Claus Jensen
橘子榨汁机,Eva Solo
玻璃,不锈钢,塑料
高:18cm 直径:11cm
丹麦 Eva A/S 丹麦

Henrik Holbaek,Claus Jensen
刀架,Eva Solo
铝,塑料
高:26cm 宽:7.5
丹麦 Eva A/S 丹麦

Sam Hecht,Naoto Fukasawa,IDEO
松下烹饪工具精选
ABS 塑料,瓷,锡盘,不锈钢,回火玻璃

水壶
高:16cm 宽:20cm 深:24cm

榨汁器
高:10cm 宽:11cm 深:11cm

烤面包机
高:15cm 宽:18cm 深:16.5cm

蒸蛋机
高:16cm 宽:5.7cm 深:5.7cm

电饭煲
高:20.5cm 宽:20cm 深:24cm

咖啡壶
高:25cm 宽:9.5cm 深:9.5cm

松下研制了自己的烹饪工具系列作为对普通日本家庭生活风格改变的一种回应。现在的日本早餐就是对东西方传统文化的一种融合，早餐食品的选择面很大，但人们没有时间去加工它，当然市场上也没有相应的烹饪工具。公司对这个系列产品的要求是小巧、紧凑，操作方法多样，各种安装下都能使用（厨房 /餐桌），为了尽量简化做饭的准备工作，产品的零件要尽可能的少，这样还可以方便产品的使用和清洗。

松下电饭煲是第一种既能煮饭又能磨米的电饭煲，而且这两部分还可以拆开，分别独立使用。

榨汁机的尺寸已经减到了最小，它的外形像一个橘子。榨出来的果汁流到同样大小的玻璃杯中就可以喝了。

使用了水蒸气，鸡蛋就可以在蒸锅里加工了。加工鸡蛋的程度由蒸锅里放多少水来决定。机器的盖子装有蒸汽，同时它还具备鸡蛋杯的功能。

Paolo Ulian
餐刀,Pane e Salame
钢,铝,木
高:4cm 宽:1.5cm 长:33cm
Zani & Zani 意大利

Paolo Ulian,Guiseppe Ulian
比萨饼刀,Rotella Tagliapizza
钢
高:8cm 宽:2cm 长:26cm
Zani & Zani 意大利

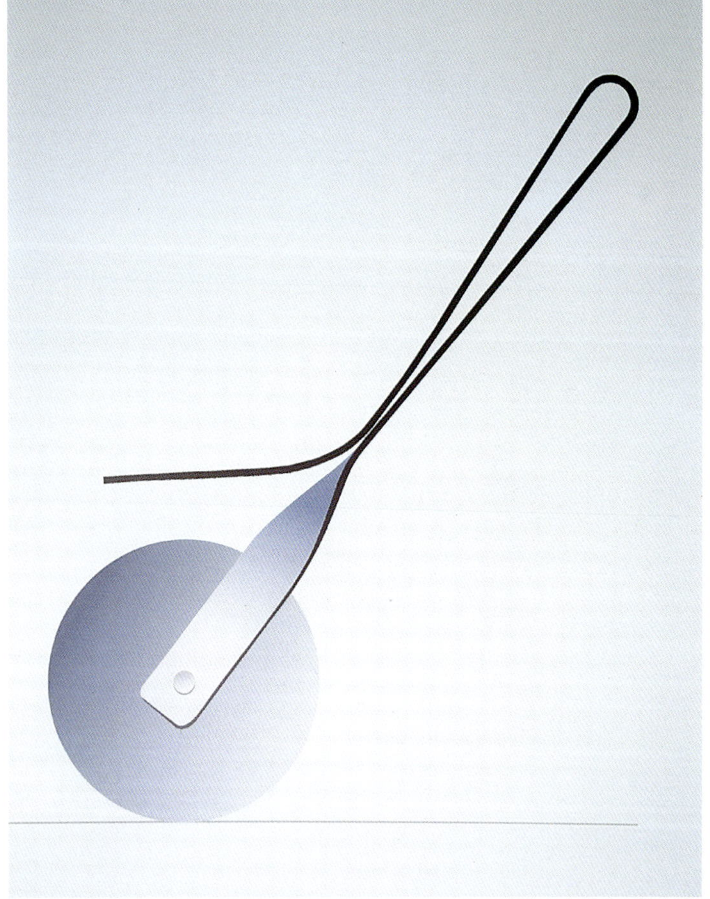

Asher Stern
国际象棋酒杯,红对白
木,铝,玻璃
长:44cm 宽:44cm
有限批量生产

jürgen Schmidt
无线螺丝刀
宽:6cm 长:20cm 深:6cm
Metabowerke 德国
原型

Tobias Koeppe
裁纸剪刀,Cassini
锌,钢,ABS 塑料,PMMA
高:0.85cm 宽:6.2cm 长:21cm
Lerche 德国

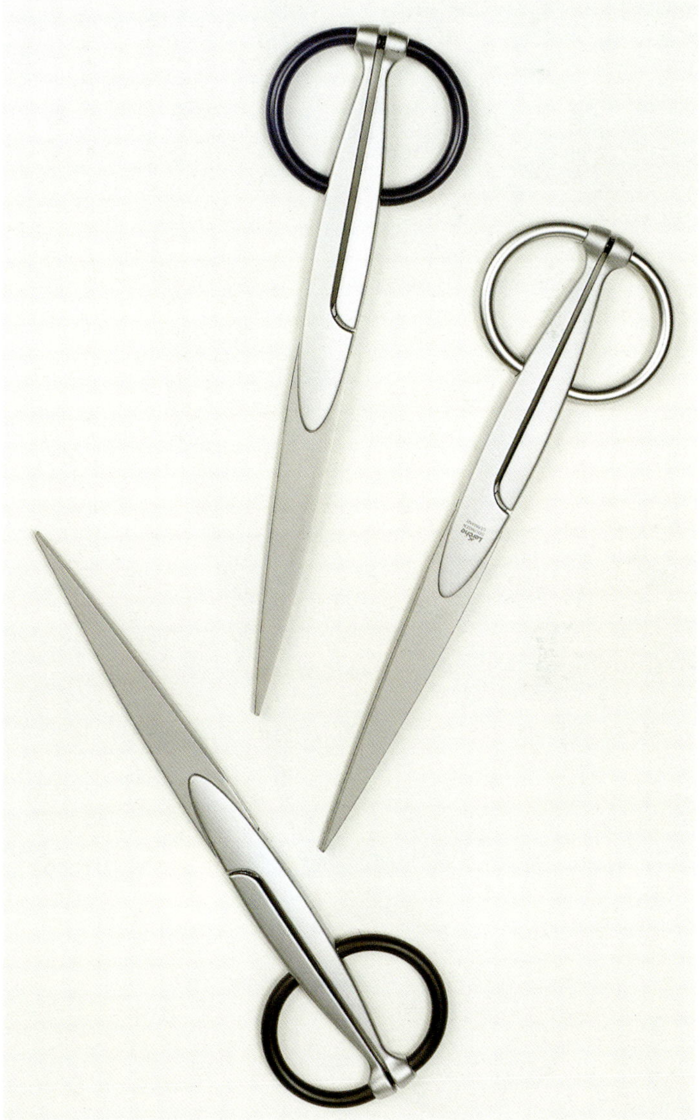

飞利浦
剃须刀,飞利浦剃须刀 Quadra6000 系列
钢
高:14.5cm 宽:5cm 深:7cm
飞利浦电子 BV 荷兰

Shinichi Sumikawa
牙刷,天鹅
塑料
高:20cm 宽:1cm 深:15cm
Iridium 韩国

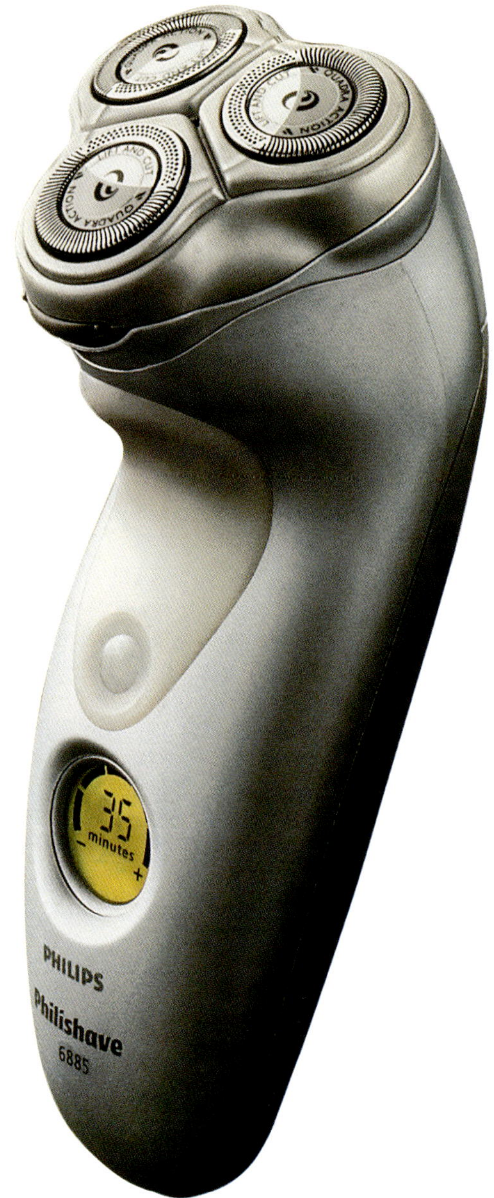

Ippei Matsumoto
海绵秤
海绵,LED,塑料
高:5cm 宽:29cm 深:25cm
IDEO 日本

Makoto Hashikura,IDEO 日本分部
键盘鼠标垫
氯丁(二烯)橡胶,海绵,ABS 塑料
松下电子有限公司 日本

键盘鼠标垫,高:1.2cm 宽:38cm 深:16cm

鼠标:高:2.5cm 宽:8cm 深:2.5cm

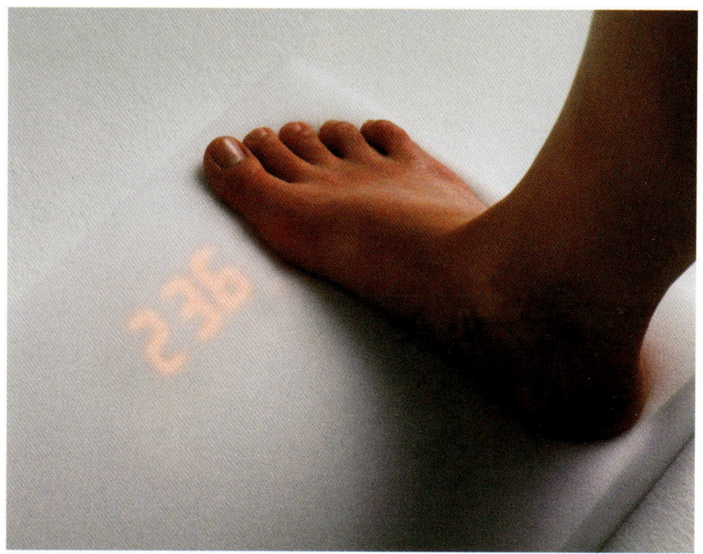

1999 年秋 IDEO 日本分部和钻石设计管理网络为来自其他各个不同行业公司的设计师提供了一系列的工作间。在这里,大家共同探索消费者情绪上的反映。设计师们和他们周围的产品进行直观上的交流。在这项计划下产生的设计都在一个被冠名为"无念——下意识的设计"的展览会上展出。每一件展品都给所有人留下了深刻的印象,它们似乎是专门为了吸引人们的情感而设计的。

海绵秤很柔软,能真实反映人的体重。对更敏感的人来说,它的显示屏有些模糊。

鼠标垫本身就是一个键盘,这样你就可以在同一个平台上边打字边使用鼠标了。

Luigi Trenti
书写工具,Collezione Egosphere
树脂,钢,镀金 /白金
各种尺寸
Francesco Pineider 有限公司 意大利

dai 设计
圆珠笔,Ihag
铝,不锈钢
长:14cm 直径:1cm
Privatbank IHAG 苏黎世有限公司 瑞士

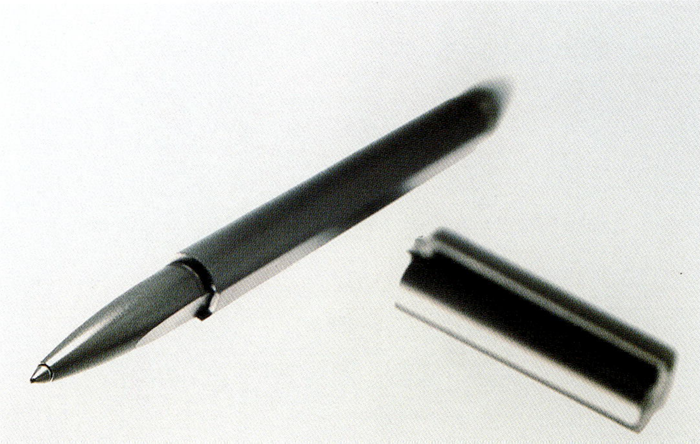

Shibuyo Ito,Setsu Ito
笔架,如何
塑料
高:10cm 宽:8.5cm 长:8.5cm
Nava 设计有限公司 意大利

Shibuyo Ito,Setsu Ito
笔筒,如何
塑料
高:7cm 宽:10cm 长:10cm
Nava 设计有限公司 意大利

Shibuyo Ito,Setsu Ito
Sottomano,如何
塑料
宽:70cm 长:50cm
Nava 设计有限公司 意大利

Shibuyo Ito,Setsu Ito
Sottomano,如何
塑料
宽:70cm 长:50cm
Nava 设计有限公司 意大利

Shibuyo Ito,Setsu Ito
胶带,如何
塑料
高:7cm 宽:10cm 长:10cm
Nava 设计有限公司 意大利

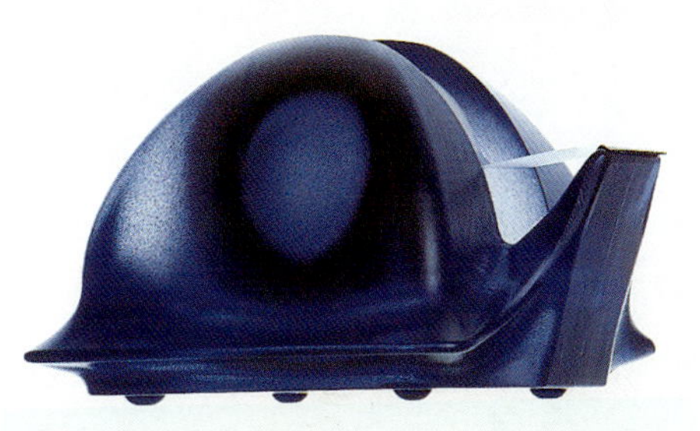

David Farrage, Georan Jerstroem
数码体温计,Vicks 轻松伸缩数码体温计
ABS 塑料,氯橡胶,丙烯酸
宽:0.3cm 长:13cm
OXO 国际 美国

智能设计
文字消息发报机,翻阅手稿概念原型发报机
硅,氨基甲酸乙酯,磨光金属
高:7.6cm 宽:5.3cm 长:1.9cm
OXO 国际 美国
原型

David Farrage, Vanessa Sica, Kevin Lozeau
加湿器,Kaz 健康喷雾加湿器
聚丙烯
高:15.24cm 宽:33cm
OXO 国际 美国

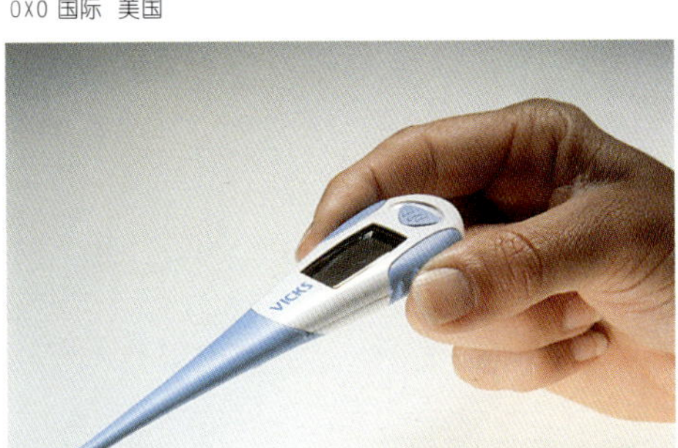

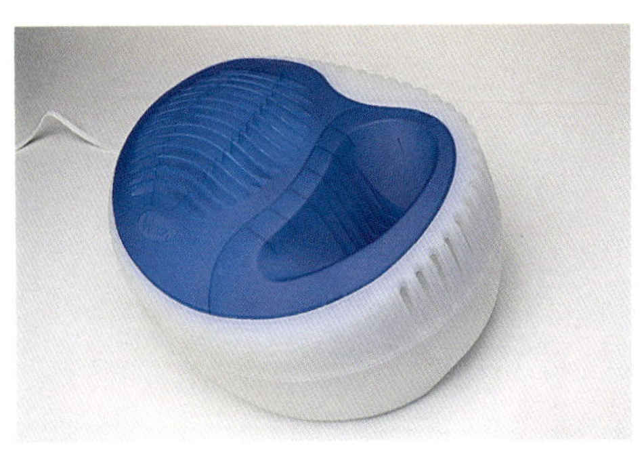

David Farrage
擦洗刷,OXO Good Grips Scrub Line
聚丙烯,Santoprene,尼龙
各种尺寸
OXO 国际 美国

David Farrage, Dean Chapman, Davin Stowell
掌上电脑——通讯及药物分配设备,监控中介
塑料,液晶屏
高:3.6cm 宽:22.8cm 长:12.2cm
OXO 国际 美国

Kazuyo Komoda
儿童玩具,La Tavola Imbandita("窝")
棉,泡沫聚氨酯,铝,木头
高:50cm 宽:135cm 深:80cm
Edition Galleria Luisa delle Piane 意大利

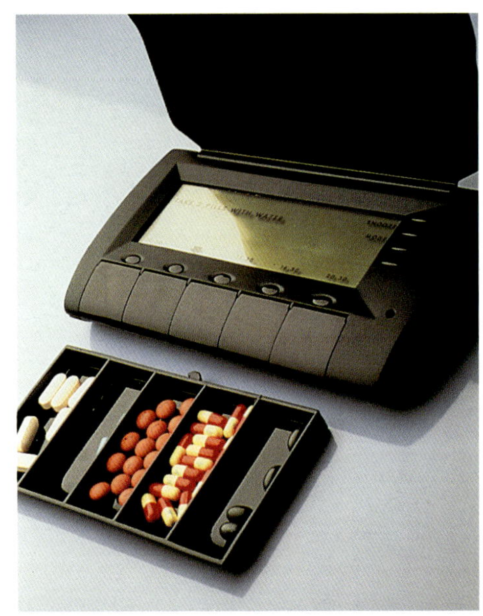

Lamberto Angelini
手提箱,青蛙
注入 PPL(聚丙烯)
大号,高:62cm 宽:27cm 长:80cm
小号,高:54cm 宽:24cm 长:69cm
Roncato 有限公司 意大利

Mandarina 鸭设计小组
手推行李包,小青蛙
聚丙烯,编织物
高:55cm 宽:40cm 深:20cm
Mandarina 鸭 Plastimoda 意大利

Kazuyo Komoda 的"窝"构成了 Luisa delle Piane 在今年米兰展览的一部分。设计师们制作的儿童家具包括 Konstantin Grcic 和 Matali Crasset,被认为是透过孩子的眼睛发明了一个世界,而不仅是成人幻想的浓缩。

TKO 设计
洗衣机,泰坦
钢,聚酯
高:85cm 宽:60cm 深:60cm
Monotub 工业设计公司 英国
原型

Jam 设计
厨房概念，Corian
尺寸不固定
Jam 设计与交流有限公司 英国

Christophe Pillet
厨房系统，航空系统
不锈钢，玻璃，胡桃木，铝
尺寸不固定
Ciatta a Tavola 意大利

年轻的英国设计小组 Jam 与大产品生产商 Corian、惠而浦、Soft-room 还有 Linbeck Rausch Linghting 合作，共同创造了一个全新的厨房概念。这已在伦敦 100% 设计展上展出了。这个厨房装置表明了未来厨房将会是智能型的、高度自动化的、多功能的，同时兼顾灵活和兼容性。未来的人们将从家务劳动中解放出来去从事更有意义的活动。这项设计包括一个高科技的中心区用来冷藏、准备食物、就餐和烹饪。惠而浦的产品向我们展示了温度调节、照明、电力控制系统将以什么样的方式发展。 Corian 对表面进行最后加工，Linbeck 用柔和的线条营造出一个感性的环境，让人对未来生活空间产生强烈的冲动。

Merloni Elettrodomestici
家用电脑,Leon@ rdo
Novakval ABS 塑料 5V
高:20cm 长:25cm 宽:35cm
Ariston 意大利

家用技术的未来在于WRAP(网络设备协议)。有了网络化的家庭设备,使在外面通过电信网控制家用电器设备成为了现实。有了 Leon@ rdo 上述功能还可以通过互联网来完成。Ariston 数码服务中心监视家庭电量消耗的情况,遇到问题它会向住户发出警告。同样的,家用电器也会自我诊断故障并通知中心。Leon@ rdo 作为家用电脑可以收发 e—mail、购物,下载最新的菜单,并直接发给炉子(e—cooking)。

Sacha Winkel
洗手盆,肥皂
Ekotek
高:33cm 长:80cm 深:45cm
Boffi 意大利

Claudio Silvestrin
厨房,Xila
层压板,setasil,HPG,聚酯
各种尺寸
Boffi 意大利

Val Cucine
厨房,Ricicla Laminato
铝,层压板,实木
各种尺寸
Val Cucine 有限公司 意大利

Claudio Silvestrin
洗手池,Adda
陶瓷
高:17.5cm 直径:50cm
Boffi 意大利

Val Cucine 公司的策略是尊重环境。它的厨房全部采用天然材料，所有的生产技术都通过了测试，保证最大限度地重复利用。进一步深化这种思想,Val Cucine 同"生态森林"加强了合作,这是一个提倡使用再生能源、保护自然环境的组织。他最近资助了两个在巴西和厄瓜多尔重造森林的计划。这次活动的目标是储存更多的树，一来可以吸收二氧化碳,二来可以砍树造家具。

Norbert Wangen
厨房,立体 2000
不锈钢,实木
高:93cm 宽:70cm 长:234cm
Norbert Wangen 德国

Norbert Wangen 在简洁、立体之中包含了厨房中的所有必备品：冰箱、洗碗机、炉子 /微波炉、水盆和储物空间。可移动的工作表面可以被推到一旁，这样炉子和水盆就露出来了，推开的工作面还可以当桌子用。"一个完整的厨房就这样在你眼前出没",Wangen 如是说。

Bulthaup
厨房,25 号系统
不锈钢,油布
各种尺寸
Bulthaup 德国

Bulthaup
厨房,20 号系统
不锈钢,铝合金
各种尺寸
Bulthaup 德国

Giampaolo Bendini
浴盆,勺
Exmar(marmor&树脂)
高:48cm 宽:101cm
Agape 股份有限公司 意大利

Giampaolo Bendini
水龙头,Fez 40
镀铬铜
Agape 股份有限公司 意大利

Giampaolo Bendini
水龙头,Fez 260
镀铬铜
Agape 股份有限公司 意大利

Maximillian Burton
厕所刷,OXO good
短把厕所刷
聚丙烯,santoprene,尼龙毛,ABS 塑料
高:45.7cm 宽:14cm
OXO 国际 美国

Stefano Giovannoni
皮揣子,司机 Johnny
热塑料
高:26cm 直径:13.3cm
Alessi 股份有限公司 意大利

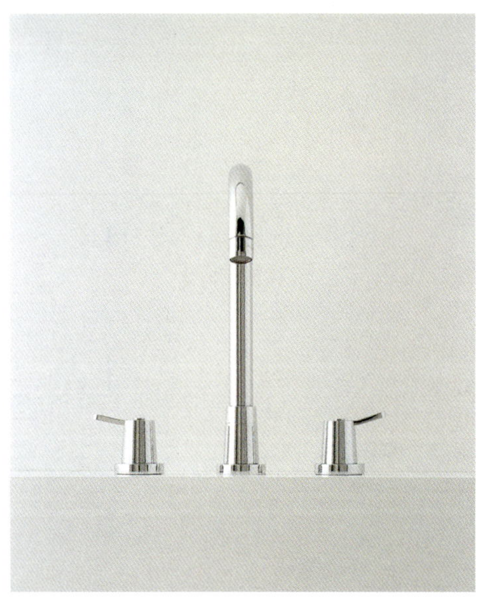

Roderick Vos
瓷制作料盒,砖头
瓷,玻璃
高:11.4cm 宽:11.4cm 长:11.4cm
Driade 有限公司 意大利
有限批量生产

Martin Szekely
花盆,Brique à Fleurs à Vallauris
黏土
高:52.5cm 直径:46.5cm
Galerie Kreo 法国

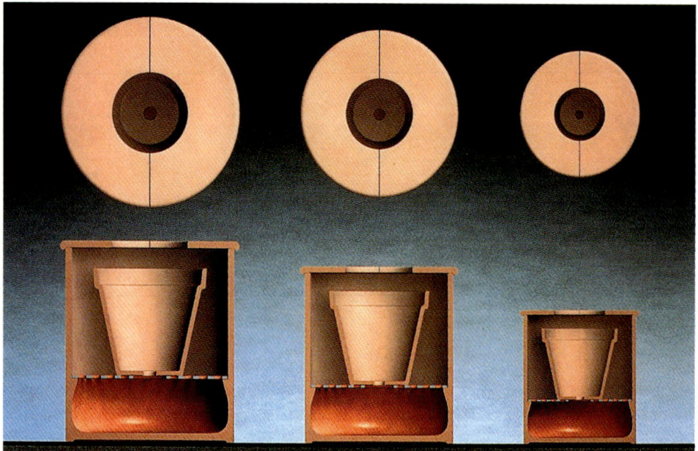

Emma Quickenden
电暖炉,热水瓶
橡胶
高:76cm 长:51cm
原型

Emma Quickenden
电暖炉,火域
轧制钢
高:76cm 宽:51cm
原型

Dick Van Hoff
混凝土炉
混凝土,金属
高:100cm 宽:52cm 长;80cm
Van Hoff Omptwerper 荷兰
原型

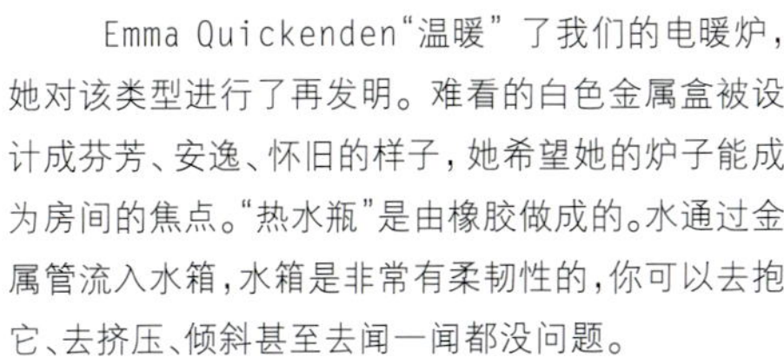

Emma Quickenden“温暖”了我们的电暖炉,她对该类型进行了再发明。难看的白色金属盒被设计成芬芳、安逸、怀旧的样子,她希望她的炉子能成为房间的焦点。“热水瓶”是由橡胶做成的。水通过金属管流入水箱,水箱是非常有柔韧性的,你可以去抱它、去挤压、倾斜甚至去闻一闻都没问题。

宝马
C1

这是什么？是一辆带顶篷的摩托还是一辆汽车？不管它是什么，这个混血儿已经被城市公车上班族所接受。他们更喜欢自由，更喜欢骑着两轮车穿梭于车流之中。它还能节省旅行时间。头顶上结实的顶篷就是安全的保证。宝马在设计这款C1摩托时把安全性放在了首位（众所周知，它的确如此）。车顶篷上的滚动条已经过撞击测试；不系安全带车子的引擎就不能发动；车前轮上面有一个射灯，这是为了防止迎面的撞击；在骑手肩膀周围配有防侧面撞击护栏；来自任何一个方向的撞击都会被车体承受而不是人体。这的确是一款迷人的设计，它第一次上街就得到了极高的回头率。那么，它的缺点到底是什么呢？《蓝点》的主编，同时是忠实的摩托车爱好者的Aidan Walker，在曾经写过的一篇文章中指出，它有一到两个令人不安的地方。这都因为它的塔形结构，当车体倾斜时，它让车手感觉好像是失去了平衡。其次，车的前部太宽，这限制了车手的视野——能够看到车前轮的转动，这完全是可以做到的。然而，最终这些问题会随着使用而被克服掉。宝马的新设计使得路面学有了新的发展。

Marc Newson
自行车,Biomega
铝制车体
高:67cm 宽:17cm 长:83cm
Magis 股份有限公司 意大利

Stile Bertone 有限公司
山地自行车,MTB 全悬吊
炭化镁
高:100cm 宽:56cm 长:175cm
Stile Bertone 有限公司 意大利

我们正在亲历一个巨大的变革时刻,这是小轿车的外部形状与内部环境设计的革命。在这场革命中,我们见到了世界上最先进的视觉设计。外形、风格、灵活性上的创新,缔造了生活的新概念,无论是生活在城市或是乡村。乘客的空间变得更像一个可以伸展四肢的车厢,或者说像一间起居室。

Neukom 被本田描述成交通太空舱。当你转动椅子把车厢改造成一间圆桌会议室时,车窗玻璃会为你提供一个全景。

Fuya—jo 或者叫"不眠之城"是为年轻人或者车迷设计的。乘客的座椅设计得很高,人几乎是半站着。它给你的感觉很刺激,就好像是在溜冰场上飞驰或是在草地上打滚。它的方向盘像一个 CD 机转轴,仪表盘很像 DJ(收音机节目主持人)的混频器,车门上还装了大功率扬声器,这一切简直像一个车轮上的小型夜总会。

Christopher C. Deam, Wilsonart 国际,内部设计

旅行车

铝(外壳),层压板(内部)

菲亚特

概念车,生态基础

旅行车是一个合作的结晶,合伙人包括 Wilsonart 国际(表层装修产品商)、Out Design(一家致力于通过研制产品、参加特殊竞赛、媒体教育来促进现代设计发展的公司)、Christopher Deam(美国新潮设计公司之一,最近刚获得国际承认)。铝制拖车是美国式幸福生活的固定标志。这辆 1948 年的样车曾被改装作为纽约 2000 国际当代家具展销会的中心装饰物,现在它得到了再生。Inside Design 的 Jim Huff 认为这些幸福标志的内部从来就没有像从外面看得那样让人愉快,他想要使它们表里一致。Deam 使用层压板去构建一个内壳,同感觉比较冷的铝比起来,层压板重量更轻、更耐用、更经济,当然感觉上更温暖。同需要提早很长时间预定房间相比,旅行车是一个很自然的选择——"对于那些怀旧家庭来说是这样,而现代派、甚至是未来派也是如此"(设计历史学家,Wilsonart 顾问 Grace Jeffers)。设计的结果是一个经典的再发明,它抓住了年轻人的审美观。

为了使设计更经济、更环保,"生态基础"每跑 100 公里仅用 3 升柴油。它的空气动力学外形和"发动就跑"策略(这使得引擎在车子 4 秒以上停止不动时自动熄火,踩一下加速器,车子又将从新启动),为未来城市提供了一款理想而又简洁的新车型。